키르케고르의 『이것이냐 저것이냐』 읽기

세창명저산책_054

키르케고르의 『이것이냐 저것이냐』 읽기

초판 1쇄 인쇄 2017년 12월 20일
초판 1쇄 발행 2017년 12월 26일

—

지은이 이명곤
펴낸이 이방원
기획위원 원당희
편집 홍순용 · 김명희 · 이윤석 · 안효희 · 강윤경 · 윤원진
디자인 손경화 · 전계숙 **마케팅** 최성수

—

펴낸곳 세창미디어
출판신고 2013년 1월 4일 제312-2013-000002호
주소 03735 서울시 서대문구 경기대로 88 냉천빌딩 4층
전화 02-723-8660 **팩스** 02-720-4579
이메일 edit@sechangpub.co.kr **홈페이지** http://www.sechangpub.co.kr/

—

ISBN 978-89-5586-509-7 03110

이 도서의 국립중앙도서관 출판시도서목록(CIP)은 서지정보유통지원시스템 홈페이지(http://seoji.nl.go.kr)와 국가자료공동목록시스템(http://www.nl.go.kr/kolisnet)에서 이용하실 수 있습니다. CIP제어번호: CIP2017033275

Soren Aabye
KIERKEGAARD

세창명저산책_054

이명곤 지음

키르케고르의 『이것이냐 저것이냐』 읽기

세창미디어
MEDIA

머리말

우리는 키르케고르와 그의 저작들을 어떻게 보아야 할까

'코펜하겐의 우울한 사상가,' '고독한 실존주의의 창시자,' '독창적인 현대철학의 선구자,' '당대의 유일한 종교적인 저자' 등으로 불리는 키르케고르는 확실히 여느 철학자와는 달리 무언가 인간적인 매력과 신비로운 측면을 간직하고 있는 몇 안 되는 사상가 중의 한 사람이다. 그의 사유의 여정 전반에는 자신의 구체적인 삶 속의 사건들이 논의와 저작의 동기가 되고 있으며, 철학적 질문들이 마치 자신의 인생에 있어서 개별적이고 심각한 문제들을 해결하기 위한 질문처럼 나타나고 있다. 그리고 그의 중요 저서들 대부분이 빅토르 에레미타, 요한네스 데 실렌티오, 요한네스 클리마쿠스 등의 '가명'의 저자로 쓰였고, 그 형식도 '편지글 형식,' '일기 형식,' '에세이 형식,' '설교문 형식' 등 다양한 형식을 취하고 있다. 게다가 이러한 저작들 속에는 번뜩이는 풍자나 기지, 날카롭고 심리적인 분석과 사태의 핵심을 드러내는 비유들, 거침없는 현실비판과 여과 없는 표현들이 수도 없이 쏟아져 나오고 있다. 이뿐만이 아니다. 헤겔의 『정신현상학』을 비판하기 위해 쓰인 매우 진지한 저작을 『철학적 단편(조각글)』이라는 매우 가벼운 제목으로 출간하는가 하면, 이 작품보다 6배나 긴 분량의 후속편을 이 작품에 덧붙이는 『비-학문적 추신』 혹은 『후기』라는 아이러니한 제목으로 출간하기도 하였다. 생각해 보라. 본문은 한 페이지인데 추신이 여섯 페이지라면 우습지 않은가? 뿐만 아니라 그는 매우 중요한 서문을 「무의미한 서문」이라고 제목을 달고, 중요한 충고를 하는 부분에서는 "넋두리를 조금만 하겠다"고 말하고 있다. 이는 애초에 자신의 사유는 어떤 학문적인 권위나 세상의 존중 등에는 관심이 없으며, 또한 철학적인 사유란 체계적으로 객관적인 사상 혹은 세계관을 그려 내는 것이 아니라는 것을 의미하고 있다. 그리고 진정 중요한 것은 거대한(양적인) 무엇에 있는 것이 아니라 오히려 사소한(질적인) 것에 있다는 역설을 말하고 있다. 이 책에서 소개할 『이것이냐 저것이냐』라는 작품 역시 '논문집 형식,' '일기 형식,' '편지글 형식' 나아가 '설교집 형식' 등 여러 가지 형식의 글들로 구성되어 있으며, 그 내용 또한 외형상 매우 산만한 것처럼 보이는 것도 사실이다. 이 중 반 이상의 장들이 단행본으로 출간되기도 하였다. 키르케고르는 여러 면에서 우리가 알고 있는 철학자들과는 확실히 다른 놀라운 특성을 보이고 있으며, 오히려 이렇게 종잡을 수 없는 그의 독특한 특징들이 역설적으로 그의 현대적인 특성을 잘 드러내 주고 있다고 할 수 있다. 이러한 그의 기행奇行은 가끔 독자들의 오해를 불러일으키고 있는 것도 사실이다. 하지만 이러한 오해는 때로 관점의 차이에서 기인된 것이기도 하므로 오해들을 모두 모아 한꺼번에 해명한다는 것도 쉬운 일은 아니며, 반드시 필요한 것도 아닐 것이다. 따라서 이러한 오해들은 필요할 때 본론에서 해명하도록 할 것이다.

키르케고르가 실존주의의 선구자인 것은 그가 철학적인 작업을 시작할 때 한 개인의 실존의 문제를 가장 우선적으로 취했다는 것이며, 그렇기 때문에 그의 철학의 전 과정이 곧 자신의 개별적인 실존의 문제를 해결하기 위한 것이라 하여도 과언이 아니다. 이는 한 개인에게 절대적으로 진실이거나 진리인 것은 또한 만인에게 진실이거나 진리라고 보았기 때문이다. 그가 "모든 인간은 아담이 행한 것과 동일한 방식으로 죄를 지을 수밖에 없다"고 말하였을 때 이를 잘 대변해 주고 있다. '내가 무엇인 것,' '나의 정체성' 혹은 '나의 동일성'은 나의 본질에 해당하지만, 많은 경우 우리는 이러한 나의 정체성이 사실은 나의 실제적인 삶에서는 이름뿐인 경우가 허다하며, 현실적으로 나에게 의미가 있는 진지한 문제들, 즉 실존의 문제는 이러한 '나의 정체성'과는 무관한 것들이거나 혹은 이것에 앞서 있는 지극히 개별적인 것임을 알 수 있다. 그래서 실존주의자들은 하나같이 "실존은 본질에 앞선다"는 전제를 가지고 출발하는 것이다. 인간의 본질이나 본성의 문제보다는 한 개인의 실존의 문제를 앞세운다는 것은 '개별성' 혹은 '개인'을 철학적 사유의 출발점으로 삼는다는 것이며, 이러한 특성은 '사유주체로서의 인간의 이성'을 앞세운 근대철학으로부터의 이탈이며 이보다 더 멀리 나아가게 한다. 그래서 '개인' 혹은 '개별성'은 현대철학의 중요한 한 테제가 된다.

한 개별자의 인생에 있어서 진지한 물음이 되는 것을 철학적 사유의 출발점으로 선택한다는 것은 필연적으로 자기 자신의 삶의 문제에 시선을 고정할 수밖에 없다. 왜냐하면 "열 길 물속은 알아도 한 길 사람의 속은 알 수 없다"는 속담처럼 인간은 결코 타인의 마음속이나 심리상황을 명석판명하게 알 수는 없기 때문이다. 자기 자신이 진지하게 안고 있는 삶의 문제를 파헤치고 그 원인이나 해결의 답을 구한다는 것은 자신의 감정과 의식의 깊은 내면으로 내려간다는 것을 의미하며, 여기서 기존의 철학에서는 사소한 문제로 취급되었던 일상의 문제가 오히려 철학적인 중요성을 가지게 된다. 나는 왜 이것보다 저것에 더 많은 관심을 가지게 되는가? 이러한 음악이나 저러한 그림이 왜 나의 마음을 설레게 하는가? 왜 나의 마음에는 평안이 없는가? 왜 나는 첫사랑을 잊지 못하는가? 결혼은 해야 할 가치가 있는 것인가, 아닌가? 왜 사람들은 마음속에 절망과 슬픔을 안고도 겉으로는 웃고 있는 것인가? 왜 어른들은 어린 시절의 순수함을 그리워하는 것인가? 왜 나의 삶은 이토록 불안하고 흔들리는가? 진정한 구원은 어디서 오는 것인가? 이러한 삶 안에서의 사소한 문제들이 철학적인 질문의 대상이 되는 순간부터는 더 이상 사소하지 않다. 바로 이러한 문제가 모든 인간이 안고 있는 문제이며, 이러한 문제들로부터 회피할 수 있는 사람은 어디에도 없다. 인간이 거창한 진리의 문제를 논하고, 형이상학적인 개념들을 확립하고 세계관을 형성하는 것도 그 출발점은 바로 이러한 사소한 인생의 문제로부터이며, 이를 해결하기 위한 것이라는 사실이 실존주의의 선구자인 키르케고르가 통찰한 것이다.

이러한 문제제기로부터 키르케고르는 인생의 제 단계들에 있어서 인간 실존의 조건들과 현상들을 하나씩 분석하게 된다. 일반적으로 이러한 키르케고르의 실존의 단계들은 '심미적(미학적) 실존,' '윤리적 실존,' '종교적 실존'이라는 3단계로 요약되며, 이는 인간의 인생여정에서 나타나는 일반적인 발생학적 순서와 일치한다. 어린이들은 '예쁜 것,' '아름다운 것'에는 강한 매력을 가지고 있지만, 아직은 '도리에 맞는 것'이나 '정의로운 것' 등에는 관심이 없다. 심미적인 문제들은 유아기를 벗어나면서 누구에게나 주어지는 것이지만, 윤리·도덕적인 문제들은 어느 정도 지적인 앎과 사회적인 관계성을 전제할 때만이 의미 있는 실재로 다가오는 것이기 때문이다. 이와 마찬가지로 아직 세상의 부조리나 모순 등에 대해서 심각하게 고민해 보지 않은 청소년들에게 '인생의 목적'이나 '구원'의 문제는 삶의 실제적인 문제로 와닿지는 않는다. 즉 종교적인 문제가 심각한 자신의 삶의 문제, 진정 의미 있는 문제로 등장하게 되는 것은 대개 세상의 모순이나 부조리 혹은 인생 전체를 바라보면서 생의 문제로 고민하게 되는 윤리적인 실존의 마지막 단계에 있는 성인成人들에 의해서이다. 하지만 인간실존의 형성과정을 이렇게 단순히 3단계로 구분하는 것은 키르케고르의 실존주의에 대한 정확한 이해는 아니다.

키르케고르는 '첫사랑'에 대해서 그리고 '최초의 부모'나 '최초의 죄와 고뇌'에 대해서 매우 심오하게 분석하고 강조하는데, 그 이유는 진정한 최초의 것에는 이미 영원한 것이 스며 있다고 보기 때문이다. 그래서 그는 "첫사랑은 영원한 것이다"라고 말하고 있으며, "첫사랑을 겪는 개인들은 종교적으로 발전한다"라고 말하고 있다. 나아가 그는 『공포와 전율』에서 세 가지 유형의 종교에 대해서 말하면서도 종교 A(소크라테스적 종교)가 종교 B(그리스도교적인 종교)에 있어서 이미 그 준비단계로서 주어져 있으며, 종교 B가 진정으로 형성되기 위해서는 종교 A가 마치 필요조건처럼 내재하고 있어야 한다고 말하고 있다. 이는 인간실존의 발전 단계에 있어서 그대로 적용될 수 있는데, 심미적인 실존의 단계에서의 제 문제들은 이미 윤리적·종교적 단계의 문제들을 가능성처럼 품고 있으며, 심미적 실존의 제 문제가 그 해답을 구하기 위해서는 최종적인 단계인 종교적인 문제들과 연관될 때이다. 마찬가지로 윤리적 실존의 문제가 진정 실제적이 되기 위해서는 심미적인 실존의 문제가 그 안에 내재해 있다는 것을 전제로 하고 있다. 그래서 그는 "모든 진정한 예술작품에는 특정 종류의 영원성이 내포되어 있다"고 말할 수 있었으며, 또한 "인간으로 존재한다는 것은 곧 신성과의 관계성 중에 존재하는 것이다"라고 말할 수 있었던 것이다. 그래서 그의 사상을 제대로 이해하기 위해서는 심미적인 단계에서부터 종교적인 문제나 영원성의 문제와 연관 짓지 않고서는 불가능하다. 가장 초기의 저작이라고 할 수 있는 『이것이냐 저것이냐』도 이러한 맥락에서 읽어야 할 것이다. 이 저작을 가장 큰 틀에서 보자면 심미적인 단계의 삶을 소개하고 그런 다음 윤리적인 단계의 삶을 소개하며, 마지막에는 종교적인 삶에 대해서 비록 암시적인 방식이긴 하지만 분명한 결론을 가지고 말하고 있다. 그리고 키르케고르는 마치 이러한 삶에 대한 충분한 이해를 바탕으로 독자들이 이 중 어떠한 삶을 살아갈 것인지를 자유롭게 선택하게 하는 것처럼 보인다. 하지만 선택을 해야 하는 것은 어느 단계의 삶이 아니라, 그 삶의 방식이나 혹은 질적인 문제이다. 다시 말해서 모든 개인들이 심미적 단계와 윤리적 단계를 거쳐서 결국은 종교적인 단계에 도달하여야 한다는 식으로 이해해서는 안 될 것이다. 중요한 것은 어느 단계의 삶을 선택할 것인가에 있는 것이 아니라, 어느 단계의 삶일지라도 '실존적으로 산다는 것' 혹은 '실존적으로 된다는 것'이며, 어느 단계의 삶에 위치해 있더라도 인간의 실존의 운명은 시간성과 영원성, 세속적인 것과 신성한 것, 상대적인 것과 절대적인 것 사이에서 진지하게 고민할 수밖에 없다는 것을 이해한다는 것에 있다.

여기서 하나 덧붙이고 싶은 것은 무신론자나 종교를 신뢰하지 않는 독자들 중에서는 너무나 분명한 키르케고르의 이러한 종교적인(기독교적인) 관점에 대해서 거부반응을 가지게 되고, 이로 인해 키르케고르의 저작들을 애초부터 비판적으로 고찰하거나 혹은 읽어 보기도 전에 속단해 버릴 수도 있다는 점이다. 물론 키르케고르가 자신의 저작을 구상할 때 이미 어떤 특정한 독자들을 염두에 두고 있다는 것은 사실이지만, 그럼에도 이 특정한 독자가 반드시 그리스도교 신앙인에게만 국한된 것은 아니다. 중요한 것은 그가 기독교적 관점에서 글을 쓰는가 혹은 불교적인 관점에서 글을 쓰는가 혹은 현상학적인 관점에서 글을 쓰는가 하는 것이 아니라, 인간실존의 문제에 대한 그의 분석과 이해 그리고 이를 표현하고 있는 내용들이다. 황금으로 만들어진 목걸이에서 중요한 것은 이것이 진정으로 황금인가 아닌가에 있는 것이지, 그 문양이 장미인가 혹은 십자가인가 하는 것에 있는 것은 아니기 때문이다. 기독교인인가, 불교인인가 혹은 현상학자인가 하는 것이 중요한 것이 아니라, 참된 그리스도인, 참된 불교인, 혹은 참된 현상학자인가 하는 것이 중요한 것이기 때문이다.

우리가 키르케고르의 저작들을 접하면서 염두에 두어야 할 다른 한 가지는 실존주의 작품들은 본질적으로 '이해'를 목적으로 하기보다는 '삶'을 염두에 두고 있음을 잊지 말아야 한다는 점이다. 즉 우리가 잊지 말아야 할 것은 키르케고르의 사유가 정확히 무엇인지 혹은 그가 던지는 메시지는 객관적으로 무엇을 말하는 것인지를 이해하는 것보다 그가 말하고 있는 것을 우리 자신의 삶 안으로 데리고 와서 진지하게 나의 문제로서 고민해 보는 것이다. 어느 누구든 키르케고르의 저작을 진지하게 읽어 보았다면 그가 말하고 있는 내용들이 종종 매우 애매하고 모호하고, 끊임없이 이어지는 새로운 해석들과 새로운 문제제기들이 도무지 정확히 무엇을 말하는 것인지, 긍정하고 있는 것인지 부정하고 있는 것인지 종잡을 수가 없을 것이다. 게다가 동일한 내용이 형식을 달리하여 여기저기서 다시 등장하고 있는데 왜 그렇게 하는 것인지 알 수가 없다는 점이다. 어떤 이들에게 있어서 이는 마치 '하찮은 낙서들'로 뒤덮여 있는 것처럼 보이기도 할 것이다. 하지만 지각 있고 깊이 있는 사람이라면 그 속에 소중한 보물들이 들어 있음을 알게 될 것이다. 이 소중한 보물들은 독자들이 진지하게 자신의 삶에 적용시켜 생각해 볼 수 있는 지혜의 조각들이다. 다시 말해서 중요한 것은 키르케고르의 사상을 정확하게 이해하는 것이 아니라, 독자들의 삶을 조금이라도 변화시킨다는 것에 있다. 너무 분명한 것은 두 번 생각할 필요가 없지만, 무언가 애매하고 심오한 것은 자주 생각하게 한다. 그래서 키르케고르의 연구자들은 종종 그의 글들은 '덕을 세우기 위한for edifying 것'이라고 강조하고 있다. 이 때문에 우리는 키르케고르의 글을 읽으면서 키르케고르에 대한 '객관적인 초상화'를 그려 보고자 하는 과도한 시도를 자제하여야 한다. 그는 초기에 많은 가명의 저자들을 내세우고 있지만, 중기에 가서는 이러한 저자들이 사실은 자신임을 밝히면서도 이러한 가명의 저자들의 사유를 자신의 사유와 동일시하지 말기를 부탁한 바 있다. 물론 가명의 저자들에 의해서 제시된 사유들이 어떤 식으로든지 키르케고르의 사유에 귀속될 수밖에 없다는 것도 사실이다. 가령 한 소설가에 의해서 창조된 주인공의 말과 행위는 이 인물을 창조한 소설가의 정신에 의해서 생각된 것이며, 어떤 식으로든지 이를 창조한 실제인물의 정신을 반영해 주고 있기 때문이다. 그럼에도 불구하고 키르케고르가 글을 쓰면서 궁극적으로 지향하고 있는 목적은 자신의 사상을 전달하고자 하는 것이 아니라, (허구적 가명 아래)글과 사유를 제시하는 것이 독자들에게 가치가 있는 일이라고 생각한 것이며, 독자들의 삶을 조금이라도 변화시키는 데 도움을 주고자 했다는 점이다. 나아가 거의 문학적인 형식으로 쓰인 그의 글이 독자들에게 독서의 기쁨이나 혹은 어떤 고상한 목적을 위해서 유용할 것이라는 확신에서이다. 그의 종잡을 수 없는 기행은 모두 이러한 목적에 의해 의도된 것 혹은 기획된 것이라고 보아도 지나치지는 않을 것이다. 하지만 만일 이미 진지한 신앙을 지니고 있고 키르케고르를 이러한 신앙의 눈으로 보는 사람이라면, 그의 모든 저작들이 애초에 모두 기획된 것이라기보다는 애초에 스스로의 영감에 의해 전체가 그려지고 이후 신의 이끄심에 의해 하나씩 하나씩 이루어져 갔다고 보는 것도 가능할 것이다.

가장 초기의 저작이라고 할 수 있는 그리고 1부와 2부로 된 천 사백 페이지나 되는 방대한 그의 저작 『이것이냐 저것이냐』를 소개하는 글을 쓰면서 내가 염두에 두고 있는 것은 두 가지이다. 첫째는 이 책이 키르케고르의 사상의 단초를 밝혀 줄 가장 초기의 저작인 만큼 나의 능력이 허락하는 한 가급적 그의 사유를 긍정적이고 객관적인 차원에서 오류 없이 전달하는 것이고 둘째는 독자들이 이 책을 읽고 키르케고르의 저작을 읽어 보고자 하는 진지한 열망을 가졌으면 하는 것이다. 나의 해설서가 원저를 대신할 수 있는 참고서가 될 수는 없을 것이며 또 되어서도 안 될 것이다. 다만 독자들이 원저에 보다 잘 진입하고 보다 친근하게 읽어 내려갈 수 있도록 도와주는 안내서가 되어야 한다는 점이다. 그만큼 키르케고르의 저작들 안에는 한 구절 한 구절이 독자가 처한 상황에 따라서는 매우 중요하고 풍요로운 영감들로 가득 찬 —물론 본질적이고 핵심적인 것만을 알고자 하는 사람에게는 많은 문장이 불필요한 것이라 생각될 수도 있을 것이지만— 시적이고 명상적인 책이라고 할 수 있을 것이다. 나의 개인적인 고백을 밝히자면 불멸의 고전이라고 하는 혹은 시대의 베스트셀러라고 하는 허다한 작품들을 접해 보았지만 그 어떤 책도 키르케고르의 저작들만큼 나를 내적으로 동요시키고 매료시키며 유용하게 도움을 준 책은 아직 없었다고 감히 말할 수 있다.

| CONTENTS |

일러두기

1. 본문 중 (이것이냐1, 660)라는 형식으로 된 인용출처는 『이것이냐 저것이냐』의 1권 660페이지를 의미하는 것이다. 그리고 쌍따옴표로 인용된 문장 중 이러한 출처 표시를 하지 않은 모든 부분은 『이것이냐 저것이냐』에서 인용된 것이다.
2. 본문 중 서적은 겹낫표(『 』)로, 장의 제목은 낫표(「 」)로 표기 하였다.
3. 이 책 속에서 언급되고 있는 가명의 저자들은 필요한 경우에만 저자처럼 다루고 있으며, 나머지는 모두 키르케고르를 원저자로 가정하고 글을 쓰고 있다.
4. 이 책의 목차는 비록 장의 제목들이 소개하는 원저의 장의 제목들과 다르긴 하지만, 『이것이냐 저것이냐』의 목차와 동일한 순서로 소개하고 있다.
5. '크리스천,' '기독교,' '그리스도교' 혹은 '기독교인,' '그리스도인' 등의 용어는 내용상 구분 없이 문맥에 따라 자연스러운 표현을 사용하였다.
6. '신'과 '하느님'이란 용어를 동시에 사용하고 있는데, 보다 철학적이고 학문적인 차원에서 말할 때 혹은 기독교가 아닌 일반종교의 의미로서 사용될 때는 '신'이란 용어를, 그리스도교 신앙인의 입장에서 보다 개별적인 차원에서 말해지는 곳에서는 '하느님'이란 용어를 사용하였다.
7. 이 책 1장부터 6장까지는 『이것이냐 저것이냐』 1권(임춘갑 옮김, 도서출판 치우, 2012)에 대한 내용이고 7장부터 9장까지는 『이것이냐 저것이냐』 2권(임춘갑 옮김, 다산글방, 2008)에 대한 내용이다.

1장
사유여정에서 『이것이냐 저것이냐』가 가지는 구성과 성격

키르케고르의 사유가 그의 가족사로부터 시작되었다고 말한다는 것은 과장된 것이 아니다. 그는 덴마크의 코펜하겐의 부유하고 덕망 높은 기독교 신자인 미셸 페데르센Michael Pedersen의 일곱 자녀 중 막내로 1813년 5월 5일에 태어났다. 매우 경건하고 신앙심이 깊은 유복한 아버지가 사실은 자신의 하녀를 범하고 그 하녀의 몸에서 태어난 아이가 자신이었다는 사실은 키르케고르에게 어린 시절부터 큰 고뇌를 안겨 주었다. 키르케고르로 하여금 어린 시절부터 깊은 고뇌에 빠지게 한 이 개인적인 문제는 의심의 여지없이 '죄sin'의 문제이다. 자신이 비-도덕적이고 부정한 상황 속에서 태어났다는 사실은 그에게 일종의 '원죄의식'

에 대한 고뇌를 야기하였다고 할 수 있겠지만, 어쩌면 세인의 존경을 받는 아버지의 위선적인 태도와 배다른 형제들의 냉대에서 오는 환멸감과 열등의식으로 인한 우울함, 그리고 세상의 부조리에 대한 도덕적인 반항이라고 짐작해 볼 수 있다. 우리는 원죄에 대한 테마가 사도 바울의 "육체 안의 가시"라는 개념과 함께 키르케고르의 저작들 안에서 종종 등장하고 있는 것을 볼 수 있는데, 특히 『공포와 전율』 그리고 『불안의 개념』 안에서 두드러지게 나타나고 있음을 발견할 수 있다. 그리고 이는 항상 그 자신의 개별적인 개인사의 문제와 철학적 반성이 뒤섞여 나타나고 있다. 만일 키르케고르가 '우울한 사상가'의 이미지를 가지고 있다면 바로 이러한 이유에서일 것이다.

그의 때 이른 삶에 대한 고뇌는 그로 하여금 고등학교를 마치고 신학생이 되게 하였다. 이러한 조숙한 생에 대한 고뇌는 그가 "나는 한 번도 어린이였던 적이 없었다. 나는 늙은 어린이였다" 라고 고백하는 데서 잘 드러나고 있다. 하지만 그는 당시의 기독교 교단과 거리를 두었고 이는 그가 목회자로서의 길을 포기하고 철학자의 길을 걷게 된 이유이다. 신학교를 떠난 그는 주로 당시의 사교계의 환경 속에서 자유롭게 예술가들과 교류하였는데, 특히 시인 묄러Möller와 각별한 우정을 나누었다. 그의 저작들의 문체나 문장구성에 있어서 서정시나 서사시를 연상케 하는 것은 이러한 사실과 무관하지 않을 것이다. 그런데 어느 순간 그는 갑자기 당시의 언론들과 자유주의자들을 공격하는 데 열을 올리게 되었는데, 그 이유는 헤겔철학을 자신에게 소개해 준 하이베르크Heiberg를 만났기 때문이었다. 사실 어떤 측면에서 보면 키르케고르의 전 사상에 있어서 본질적인 하나의 축은 당시 덴마크 헤겔주의자들의 사상을 비판하고 종교적 믿음의 순수성을 회복하고자 하는 것이었다고 말할 수 있다. 그리고 아버지의 죽음과 함께 그는 다시 신학을 공부하기 시작하였으며 신학사 학위를 받게 된다. 그리고 그 즈음에서 그의 인생에 있어서 결코 지워 버릴 수 없는 결정적인 사건과 마주하게 되는데, 그것은 그가 평생 동안 유일하게 사랑하였던 레기네 올센Régine Olsen을 만난 것이었다. 거의 4년 동안 서로 신뢰하고 친분을 나눈 연인의 관계를 유지하였지만 그는 결국 결혼에 성공하지는 못한다. 그는 약혼 후 알 수 없는 이유로 파혼을 선언하고 마치 자신이 부도덕한 유혹자였던 것처럼 다시 혼자가 된다. 이후 그는 『유혹자의 일기』라는 글을 썼는데, 이 글을 통해서 자신이 왜 결혼할 수가 없었는지 그 이유를 밝히고자 하였다. 그는 이 글이 오직 자신의 연인이었던 레기네 올센이 읽어 주기만을 바라면서 썼다고 하는데, 우리가 소개할 『이것이냐 저것이냐』의 제1부의 마지막 장인 8장에 삽입되어 있다. 그의 삶에서 레기네 올센은 마지막까지 유일하게 중요한 인물로 남아 있었는데, 그가 임종하면서 남긴 유언에는 그의 모든 유산의 유일한 상속자가 레기네 올센으로 되어 있었다는 것이 이를 잘 말해 주고 있다.

유일하게 사랑하였던 연인과의 결별 이후 그는 저술 작업에 몰두하기 시작하였고, 당시 이미 상당량을 써 놓은 그의 박사학위논문을 그해(1841) 7월 16일에 발표하게 된다. 논문의 제목은 「지속적으로 소크라테스에게 일치하는 아이러니의 개념」이었다. 이후 그는 셸링의 강의를 듣기 위해 베를린으로 떠났고, 이즈음에 목회자가 되기를 포기하고 그의 저술 작업에 전념하게 된다. 그가 박사학위를 취득하고 출간하기 전에 쓴 작은 에세이와 박사학위 논문을 제외하면 그의 첫 작품이 1843년에 출간한 『이것이냐 저것이냐』이며, 같은 해에 연이어 『전율과 공포』 그리고 『반복』을 출간하게 된다. 이후 그는 거의 매년 한두 권의 저작을 출간하였는데, 갑작스럽게 임종한 1855년까지 거의 30권에 달하는 크고 작은 저술을 출간하였다. 이는 그가 저술을 시작한 이후 매년 평균 약 2권의 책을 저술한 셈이다. 물론 이 저작들 중에는 순수하게 철학적인 저술들도 있지만 수필, 훈화집,

편지글, 설교집 등의 형식으로 된 것도 있다. 이 중에서 그의 사상적인 여정을 잘 보여 주고 있는 대표작들을 꼽자면 위에서 언급한 세 권 외에 『철학적 단편』, 『철학적 단편에 부치는 후기』, 『불안의 개념』, 『인생길의 단계들』, 『사랑의 역사役事』, 『들의 백합 공중의 새』, 『죽음에 이르는 병』, 『기독교적 담론』, 『순간』 등이다. 그런데 우리는 키르케고르의 이러한 연대기적인 저작들이 그의 사유의 여정에서 일정한 단계를 보여 주고 있다고 보기는 매우 힘든데 그것은 미학적인 것과 윤리적인 것, 그리고 종교적인 것이 간접적인 글(가명의 저작)과 직접적인 글(실명의 저작) 등이 모두 그의 저작의 초기부터 존재하고 있었기 때문이다. 예를 들어 그의 박사학위 논문의 주제였던 '진리란 개별적이고 주관적인 것'이라는 그의 사유는 비교적 후기 저작에 속하는 『철학적 단편에 부치는 후기』와 『기독교적 담론』에서 여전히 중요하게 다루어지고 있으며, 심미적·윤리적·종교적이라는 실존의 단계들에 관한 논의는 『이것이냐 저것이냐』, 『철학적 단편』, 그리고 『인생길의 단계들』에서 지속적으로 등장하고 있다. 나아가 개인의 자유와 결단에 대한 논의들은 『이것이냐 저것이냐』, 『불안의 개념』, 『죽음에 이르는 병』에서, 시간성과 영원성에 관한 문제는 『이것이냐 저것이냐』, 『사랑의 역사役事』, 『들의 백합 공중의 새』

등에서 주된 주제로 다루어지고 있다. 물론 믿음과 사랑이라는 크리스천의 핵심적인 사유들은 거의 대부분의 저술들에서 등장하고 있다.

이처럼 키르케고르의 사유는 점진적으로 하나의 단계에서 하나의 단계로 옮겨 갔다기보다는 그 출발점에서 이미 모두 한꺼번에 주어져 있었던 것처럼 보인다. 하지만 그렇다고 해서 키르케고르의 사유가 하나의 지점에서 다른 지점으로 옮겨 가는 여정이 전혀 없었다고 말할 수는 없다. 그의 사고의 여정은 어떤 의미에서 직선적이 아니라 나선형의 방식으로 점진적으로 성숙해 갔다고 볼 수 있는데, 이는 그가 사유하는 모든 것이 이미 초기에 분출되고 있지만, 어떤 주제들은 초기에는 암시적으로 나타나거나 어렴풋이 나타나고 있지만, 여러 번 저작이 더해 갈수록 심오하고 풍요롭게 되면서 보다 분명한 사유의 윤곽을 드러내고 있다고 할 수 있다. 예를 들어 그는 『이것이냐 저것이냐』의 「윤작」에서 "권태는 모든 악의 뿌리"라고 진술하면서 이를 해결할 수 있는 방법에 대해서는 다만 암시적인 방식으로 말하고 있지만, 『철학적 단편에 부치는 비학문적 해설』에서는 "미학적인 것에서부터 그리스도인이 되는 것"이라고 확신에 차 말하고 있다. 그리고 최초의 저작 『이것이냐 저것이냐』의 마지막 장인 「울티마툼」에서 이미 불안이 해결되는 유일한 방법이 "하느님에 대해 무한히 자유로운 관계"에 있다고 확신에 차 말하고 있지만, 이 관계성이 구체적으로 어떠한 방식으로 형성되는가는 『불안의 개념』이나 『죽음에 이르는 병』에서 분명하게 드러나고 있다. 이처럼 키르케고르는 그의 초기의 사유들에서 이미 모든 문제들을 던져 놓고, 여기서 영양분을 취하면서 점진적으로 분명하게 문제를 밝혀 가는 방식을 취하고 있다고 할 수 있다. 물론 이러한 사유의 여정에서 그 일반적인 분위기로서는 '시인(미학자)'에서 '철학자(사변가)'로, '철학자'에서 '믿음의 기사(그리스도인)'로 이동하는 방식을 취하고 있는 것이 사실이다. 그리고 후기로 갈수록 보다 분명하게 자신이 저술하는 궁극적인 목적이 '한 사람의 진정한 그리스도인이 된다는 것'에 대한 답을 구하고자 하는 것으로 수렴되고 있다고 볼 수 있을 것이다.

이러한 맥락하에서 『이것이냐 저것이냐』를 키르케고르가 자신의 전체 사상을 위해 기초 작업을 한 것이라 생각해 볼 수 있다. 사실상 다루어지고 있는 그 내용을 보자면 그 분량만큼이나 내용 면에서 이 책에서는 키르케고르가 앞으로 지속적으로 다루게 될, 특히 가명으로 출간될 저작들의 대부분 내용들이 암시적으로나마 다루어지고 있다. 5~6권의 단행본으로 출간할 수 있는 분량과 내용을 굳이 한 권의 방대한 책으로 엮어 출간한 이유는 앞으로 그가 다루게 될 전체 내용의 윤곽을 한꺼번에 제시하고자 하는 숨은 의도를 가지고 있다고 짐작해 볼 수 있다. 그럼에도 불구하고 초기저작인 만큼 그의 사유의 기초가 될 심미적인 실존에 관한 부분에 있어서 보다 풍요롭고 구체적으로, 그리고 심미적인 실존에서 윤리적인 실존으로 나아가는 그 과정, 그리고 이 둘의 관계에 대해서 그 어떤 저작보다 깊이 다루어져 있다고 하는 것은 사실이다. 그런데 보통의 일반적인 독자들이 이 책에 대해서 성급하게 단순화하여 평하는 것에는 하나의 함정이 있다. 예를 들어 인터넷의 한 익명의 독자가 이 책에 관하여 평하고 있는 것을 요약하면 다음과 같을 것이다.

> 키르케고르가 쓴 『이것이냐 저것이냐』라는 책을 보면, 제1부는 심미적인 인생관을 대표하는 젊은이의 글이며, 제2부는 판사가 쓴 편지 형식으로 된 두 개의 논문과 한 목사의 설교집으로 구성되어 있는데, 전자는 미혼자의 '감성적인 향락의 인생관'을 대변하고, 후자는 기혼자의 '건전한 윤리적인 인생관' 대변하고 있으며, 독자로 하여금 이를 자유롭게 선택하도록 하고 있다.

그리고 익명의 독자는 다음과 같이 부언할 것이다.

여기서 심미적인 인생관이란 '감성적인 향락과 시적詩的인 공상의 세계'를 의미하는데, 이러한 삶 안에서는 자신의 자아를 상실하고 심미적인 것에 생을 탐닉하게 된다. 그리고 후자는 자신에게 부과된 '윤리적인 과업과 의무를 충실하게 수행하는 것'을 의미하는데, 이는 자아를 완성해 가는 진정한 행복의 삶이다. 저자는 이 두 가지 삶에서 어느 하나를 선택하는 결단을 내리라고 넌지시 제안하고 있는 것이다.

물론 이러한 평이 전적으로 잘못된 것은 아닐 것이다. 하지만 키르케고르의 『이것이냐 저것이냐』를 이렇게 단순하게 평한다는 것은 몇 가지 차원에서 심각한 문제를 야기하게 될 것이다. 우선 만일 우리가 사람들이 키르케고르를 '실존주의의 선구자'라고 말하는 그 의미에 대해 생각해 본다면 위의 평에서 드러나는 독자의 사유는 '실존주의자'의 사유의 특성과는 전혀 맞지 않는 것처럼 보인다. 위 평에서는 마치 심미적인 실존과 윤리적인 실존이 서로 독립된 두 영역의 실존처럼 고려하면서 개인은 이 두 가지 다른 실존의 영역 중에서 어느 하나의 영역을 자신의 것으로 선택할 수밖에 없는 것처럼 고려하고 있다. 사실 이러한 사유는 전형적인 본질주의적인 사유이다. 실존이란 그 자체로 하나이고, 규정이 불가능할 만큼 모호하게 뒤섞여 있으며, 오락가락하여 불안한 것이며, 어떤 의미에서 인간의 실존이란 그 자체로 심미적이고, 윤리적이며 동시에 종교적이기도 하다. 만일 키르케고르가 심미적인 실존과 윤리적인 실존을 분리시켜서 혹은 순수하게 심미적인 어떤 인물을 등장시켜서 저술하고 있다면 그것은 이해를 위한 분석이며, 이를 위해 한 사람의 '상징적인 인물'을 가정하는 것이지 결코 인생의 단계나 실존의 단계를 범주적으로 구분하거나 시기적으로 분명하게 2단계 3단계로 구분하고 있는 것은 아니다. 나아가 한 개인을 '심미적인 실존을 가진 사람'으로 다른 한 개인을 '윤리적인 실존을 가진 사람'으로 분류할 수는 없는 것이다.

둘째, 심미적인 실존을 감각적인 것에 탐닉하여 자아를 상실하는 불행한 삶으로 규정하고, 윤리적인 실존을 주어진 과업과 의무를 성실히 수행하는 행복한 삶으로 규정한다는 것은 엄밀한 키르케고르의 사유에서는 전혀 어울리지 않는 것이다. 키르케고르가 죽음직전까지 정신적으로 맞서 싸우고자 했던 것은 '기독교 국가'의 존경받는 윤리적이고 건전한 시민의 삶을 진정한 믿음의 삶과 동일시하였던 코펜하겐의 헤겔주의자들의 정신이었다. 이를 통해서 그는 윤리적인 삶으로 대체되어 버린 속화된 믿음에서 믿음의 순수성을 회복하고자 한 것이었다. **즉 믿음을 넘어서 이성으로서의 종교를 가지고자 했던 헤겔주의에 비해, 이성을 넘어서 진정한 믿음으로서의 종교를 회복하고자 노력하였던 것이다.** 그는 "믿음이란 최고의 열정," "믿음이란 평생의 과업"이라는 말을 여러 번 반복하여 주장한 바 있다. 그리고 그가 궁극적으로 자신과 독자들에게 말하고자 했던 것이 '한 개인으로서 하느님과의 관계성을 가진다는 것' 혹은 '영원한 것과의 관계성을 가진다는 것'이 곧 진정한 행복을 야기하거나 진정으로 한 사람의 그리스도인이 된다는 것이었다. 이러한 그의 사유는 '세상에서 죽는다는 것을 통해 진정한 믿음을 가지게 되는 믿음의 기사'에 대한 논의에서 아주 심오하게 논의되고 있다. 마찬가지로 진정한 행복을 획득한 믿음의 기사라고 해서 ―키르케고르는 자신의 시대에 이러한 사람이 실제로 존재하는지를 알지 못하고, 자신은 이러한 사람이 될 자신이 없다고 말하지만― 심미적인 실존을 완전히 초월하거나 그의 삶에서 무의미한 것이 아니라, 오히려 믿음의 기사가 진정으로 존재한다면 가장 이상적인 심미적인 삶을 영위할 것이라 묘사한다. 다시 말해서 중요한 것은 심미적인 실존이냐 윤리적인 실존이냐가 아니라, 그 어떤 지평에서든 진정으로 '실존한다' 혹은 '실존적으로 살아간다'는 사실이다. 왜냐하면 실존적으로 살고 있기만 하다면 인간은 언젠가는 그가 나아가야 할 방향으로 갈 것이기 때문이다. 그래서 그는 『이것이냐 저것이냐』의 제1장 「디아프살마타」에서 "진실로 영원한 것은 '이것이냐 저것이냐'의 뒤를 쫓는 데 있지 않고 그것을 앞서가는 데 있다"라고 미리 단언하고 있는 것이다.

이처럼 독자들이 『이것이냐 저것이냐』를 읽으면서 우선적으로 중요하게 눈여겨보아야 할 것은 '실존한다는 것의 의미가 도대체 무엇인가' 하는 것이며, 심미적·윤리적 그리고 종교적인 지평에서 참으로 실존하는 자의 모습이 어떤 것인가를 통찰해내는 일이다. 그리고 총 11장으로 되어 있는 각각의 장은 어떤 의미에서 독립된 단행본으로 고려해도 무방할 만큼 (대다수의 장이 따로 서문을 가지고 있으며, 11장 중 최소한 절반 이상이 단행본으로 출간된 적이 있다) 그 주제가 뚜렷하고 또한 시기적으로도 독립적으로 쓰인 것이다. 따라서 독자들은 이 책에 있는 장의 제목을 보고 자신이 필요한 부분부터 읽어도 무방할 것이다. 그리고 이 책의 2부가 오히려 1부보다 먼저 쓰였으며, 1부의 8장인 「유혹자의 일기」는 훨씬 후에 쓰인 것이지만 출간 당시 1부의 마지막에 삽입된 것이다. 물론 이러한 편집의 순서는 —비록 키르케고르 자신은 늘 그러했듯이 우연적인 순서라고 풍자적으로 우기고 있지만— 우연적일 수가 없으며, 키르케고르의 진지한 숙고의 결과라고 볼 수 있다. 따라서 우리는 이러한 순서의 의도를 파악하면서 전체적인 사유의 틀과 맥락을 고려하는 것이 키르케고르의 향후 저작들을 이해하는 데, 그리고 그의 저작들이 이 던지는 궁극적인 메시지를 이해하는 데 매우 유용할 것이다. 이 책의 각 장의 내용들은 아래와 같다.

장	제목	구성 내용
서문		가상의 편집자를 등장시켜, 본론의 원고내용에 대한 입수경위와 본론의 내용들에 대한 대략적인 설명을 하고 있음
제1부 1장	디아프살마타 (DIAPSALMATA)	전체 글에 대한 「문제제기」의 형식으로 파스칼의 『팡세』처럼 단편글로 시작하여, 점차 자신의 고백으로 바뀜
2장	에로스적인 것의 직접적인 단계, 혹은 음악적이며 에로스적인 것	심미적(미학적) 실존에 대해 분석하면서 음악과 미술, 그리고 연극에 대한 논의를 이어가는 것으로 일종의 실존주의 '예술론'에 대해 논함
3장	현대의 비극적인 것에 반영된 고대의 비극적인 것	인생에서 비극적인 삶을 살고 있는 사람들을 염두에 두고 고대 그리스의 비극과 현대의 비극을 비교분석함

4장	그림자 그림影畵	인생의 비애가 가진 의미에 대한 고찰로 3명의 구체적인(상징적인) 인물을 내세워 고찰하고 있음
5장	가장 불행한 사람	묘비명의 글을 화두로 하여 생의 불행과 행복에 대해서 논하고 있으며, 가장 불행한 사람이 사실은 가장 행복한 사람이라는 역설을 논함
6장	첫사랑	스크리브의 「첫사랑」이란 희곡을 통해서 연극에 대해 논하며, '계기,' '영감' 등의 개념을 통해 진정한 예술가의 특성을 그리고 등장인물들을 통해 심미적 실존을 분석함
7장	윤작輪作	삶의 본질적인 요소인 권태에 대해 이야기하면서, 심미적인 차원에서 이러한 권태의 극복에 대해 논함
8장	유혹자의 일기	코데리아에 대한 요한네스의 사랑을 고백하는 일기형식의 글로서 키르케고르 자신의 (레기네 올센에 대한) 사랑의 진정한 의미를 암시하고 있음
제2부 9장	결혼의 심미적 타당성	사랑과 결혼의 관계에 대한 설명과 진정한 결혼생활의 철학적인 의미에 대해서 논하면서 '윤리적 실존'에 접근함
10장	인격형성에 있어서의 심미적인 것과 윤리적인 것의 균형	자아의 형성에 있어서 선택의 중요성에 대해, 과거를 관념화하는 (헤겔) 철학과 미래를 지향하는 자유의 인간을 대비시켜 논하고 있음 / '윤리적 실존의 핵심'을 드러냄
11장	울티마툼(ULTIMUM)	설교의 형식을 빌려 인간이 가진 최고의 지혜로서의 신앙에 대해, 그리고 종교적 실존(신과 개별자의 관계)에 대해 논함 / 향후의 저작들의 지향점이 드러나고 있음

『이것이냐 저것이냐』의 장 구성과 그 내용들

이 책의 서문에서 키르케고르는 '외면성'과 '내면성'에 대해서 언급하면서 이 책에 제시될 내용의 원고들이 사실은 (가명의 저자 혹은 편집자가) 우연히 입수하게 된 것 —고물상에서 산 골동품 책상 서랍에서 발견한 것— 이라고 말하고 있다. 그래서 사람들은 이 글이 일종의 소설이라고 말하기도 한다. 자신의 원고가 자신이 쓴 것이 아니라고 설정하는 의도가 정확히 무엇인지는 알 수 없지만, 후일 키르케고르가 밝히고 있듯이 이 책에서 제시하는 내용들이 자신의 진짜 생각 즉 완결된 사유와 혼동하지 말라는 것이다. 다시 말해서 이 책은 앞으로 키르케고르 자신이 전개해 갈 사유를 위한 정초작업, 혹은 아직은 완전하게 여물지 않은 자신의 사유로 생각해 달라는 것으로 이해할 수 있다. 따라서 이 책의 어떤 부분들은 이후 계속하여 출간될 서적들의 내용과 상당부분 겹치고 있으며, 후기의 저서들의 내용과 연관시켜서 읽는다는 것은 도움이 될 것이다.

제1장 「디아프살마타」의 내용은 일종의 문제제기로서 읽어야 한다. 특히 이 장에서는 후반부로 갈수록 자신의 개인적인 삶의 현실을 고백하는 형식으로 쓰고 있는데, 매우 부정적이고 비극적인 측면을 고백하고 있다. 마치 자살을 염두에 둔 사람이 '삶이 전혀 의미가 없음'을 고백하는 것처럼 진행하고 있다. 이러한

삶의 부정적이고 비극적인 측면을 언급하는 일은 거의 이 책의 5장인 「가장 불행한 사람」에까지 이어지고 있다. 그래서 키르케고르의 이 첫 저작을 접한 사람은 그가 '우울한 철학자,' '멜랑콜리한 사람'이라고 쉽게 단정하기 마련이다. 하지만 '삶의 비극적인 측면'을 말하고 있다고 해서 그가 비극적인 인생관을 가지고 있다고 판단할 수는 없다. 이는 마치 '모든 인간이 심각한 죄를 지으면서 살고 있다'고 말하는 예언자를 '죄가 많은 사람'이라고 평하는 것과 같고 또 하루 종일 환우들의 나쁜 건강상태에 대해서 말하고 있는 의사에 대해 '매우 부정적인 사람'으로 평하는 것과 같은 것이다. 만일 그럼에도 키르케고르를 '우수의 철학자'라고 평가하는 것이 의미가 있다고 한다면, 이는 오히려 키르케고르를 통해서 '우수' 혹은 '멜랑콜리'가 인생에 있어서 의미하는 바가 무엇인지를 보다 깊이 이해하는 계기가 될 것이다.

2장에서 키르케고르는 심미적인 실존(혹은 미학적인 실존)이 가장 잘 부각되고 있는 미술과 음악, 그리고 연극에 대해서 얘기하고 있는데, 여기서 중요한 것은 심미적인 실존의 제 문제들이 어떻게 다른 실존의 차원(윤리적 종교적 차원)과 연관성을 가지고 있으며, 연계되고 있는가를 이해하는 점이다. 아마도 미학에 어느 정도 조예가 있는 사람이라면 키르케고르의 예술관 즉 '실존주의적 혹은 신학적 미학'에 대한 비전을 미리 엿볼 수도 있을 것이다. 그리고 3장에서는 특히 불행하고 비극적인 삶을 살고 있는 사람들을 염두에 두고서 이 '비극'의 원인이나 의미를 희랍의 '비극론'과 연계하여 새롭게 해명하고자 하고 있다. 여기서도 독자들은 '열외자' 혹은 '소수자'를 지칭하는 소외계층의 사람들을 염두에 둔 키르케고르의 자애로운 의도로 볼 수 있겠지만, 그러나 또한 어떤 의미에서는 모든 인간의 공통적인 운명이라는 차원에서 읽을 수도 있다. 즉 비극이란 고대에서나 현대에서나 한결같이 인생의 한 측면임을 염두에 두고 이야기하고 있다고 볼 수 있는 것이다. 4장에서는 이러한 생의 비극이 구체적인 3명의 인물(상징적인 인물)들을 소개하며 '비애'라는 양태로 나타나고 있음을 분석하고 있다. 이러한 세 가지 유형의 사람들은 현실을 살아가는 사람들의 어떤 일반적인 유형으로 볼 수도 있겠지만, 또한 우리들의 삶 안에서 정도의 차이를 두고 모두에게서 나타나는 혹은 동시적으로 나타나는 삶의 비극적인 측면으로 이해하고 읽을 수도 있다. 5장에서는「가장 불행한 사람」이라는 한 묘비명의 제목을 테마로 이야기를 전개하고 있는데, 사실 이것은 일종의 풍자이다. 왜냐하면 행복이나 아름다움에 등급이 있을 수 없듯이, 불행에도 등급이 있을 수가 없기 때문이다. 저자는 구체적인 역사적인 인물들을 소개하면서 누가 가장 불행한 사람인지를 심사하고 있지만, 결국 가장 불행한 사람이 누구인지를 즉 묘비명의 주인이 누구인지 그 이름을 알려 주지는 않는다. 하지만 독자들은 그가 '그리스도'일 것이라 추정해 볼 수 있고 또 만일 인생의 마지막에서 자신이 불행한 사람이라고 여긴다면 그 묘비명의 주인이 자기 자신이 아닌지를 생각해 보도록 암시하고 있다.

어떤 의미에서 1장에서 5장까지는 인생에 대한 비판적인 진단이라고 볼 수 있다. 마치 인생을 건강에 비유하여 건강을 상실한 사람이 어떠한 삶을 영위하는지 혹은 건강을 상실하였다고 가정하고 이러한 사람에게서 나타나는 인생의 비극이 어떠한 것인지를 진단해 주는 의사처럼 이야기를 하고 있는 것이다. 물론 건강을 상실한 이러한 삶을 한마디로 말하자면 전혀 실존적이지 못하는 삶 혹은 심미적 실존에서 침잠하여 다른 차원의 실존으로는 나아가지 못하는 사람들의 삶을 말하고 있다고 추론해 볼 수 있다. 반면 6장과 7장에서는 이러한 비극적인 삶에 있어서도 치유의 단서가 있음을 말하고 있는데, 이는 심미적인 실존에서도 역시 영원성의 싹이 어른거리고 있음을 말해 주는 것이다. 즉 심미적인 삶이라 할지라도 제대로 실존적인 삶을 살고 있다면 이미 여기서 구원의 빛이 비춰지고 있음을 '첫사랑'이란 주제로 말하고 있다. 물론 이러한 '첫사랑'의 의미가 삶의 전반에 걸쳐서 나타나고 있는 양태(첫 부모, 최초의 죄 등)를 해명하면서 보다 심오하게 논의되고 있는 곳은 7장의 「윤작」이다. 여기서는 심미적 실존에 있어서 모든 악의 뿌리라고 생각되는 '권태'의 문제를 어떻게 극복할 수 있을 것인가 하는 문제를 다루고 있다.

그런데 8장 「유혹자의 일기」는 모든 내용들 중 가장 나중에 저술된 것이다. 이 부분은 일기 형식으로 되어 있는데, 후반부에는 요한네스가 그의 애인 코데리아에게 보내는 편지글의 형식으로 되어 있다. 키르케고르 자신은 이 글 역시도 우연히 입수하게 된 한 청년(요한네스)의 글이라고 말하고 있지만 이는 시기상으로나 그 내용으로나 키르케고르가 '레기네 올센' 과의 결별 이후에 자신의 사랑에 대한 의미와 이별할 수밖에 없었던 이유 등을 해명하고자 하는 글이라고 보는 것이 적절하다. 사실 이 책 곳곳에는 이러한 사실을 말해 주는 내용이 담겨 있다. 여기서는 심미적 실존의 특징을 이성 간의 사랑을 통해서 이해할 수 있고, 또 키르케고르의 여성관을 엿볼 수 있다.

제2부의 9장 「결혼의 심미적 타당성」에서는 본격적으로 윤리적인 실존의 양태들을 분석·해명하고 있다. 7장의 주제였던 첫사랑에 관하여 다시 언급하면서 결혼생활과 단순한 에로스적 사

랑의 차이를 설명하고 결혼생활에서의 윤리적 삶의 의미와 이상적인 기독교적 결혼관에 대해서 논하고 있다. 즉 결혼생활의 의미가 종교적인 것과의 관계성 속에서 비로소 진정한 윤리적인 실존으로 정립됨을 논하고 있다. 이 장에서는 키르케고르의 결혼관과 인생관을 엿볼 수 있다.「인격형성에 있어서의 심미적인 것과 윤리적인 것의 균형」이라는 다소 긴 제목을 가지고 있는 10장은 어쩌면 이 책을 총체적으로 결론내리고 있는 가장 중요하고 가장 풍부한 키르케고르의 철학적 사유를 접할 수 있는 부분이다. '선택의 문제,' '내면성과 외면성의 문제,' '개별성과 집단성의 문제,' '자아형성과 소유의 문제,' '에토스와 파토스의 문제,' '실존적인 것과 선악의 문제,' '과거와 역사의 문제,' '철학자의 과업,' '체계와 자유의 문제,' '절망과 죄의 문제' 등 키르케고의 실존사상에서 중요하게 부각되는 거의 대부분의 철학적 주제들이 산만하게 다루어지고 있다. 특히 여기서는 철학을 이념적인 것으로 체계화하는 헤겔의 사상을 주관성으로서의 진리개념을 통해 비판하고 있다.

마지막 11장은 '종교적인 실존'에 대한 핵심을 분석하고 있다고 볼 수 있다. 비교적 짧은 분량의 글이지만 이 장에서는 성서의 중요한 구절들을 묵상하면서 '유한과 무한,' '시간성과 영원성,' '인간과 하느님' 사이의 관계에 대해서 논하고 있다. 특히 인간의 사랑과 신의 사랑 사이의 차이점에 대해서 논하면서 진정한 사랑(종교적 혹은 신적 사랑)의 의미에 대해서 암시해 주고 있다. 키르케고르의 종교관을 엿볼 수 있는 부분이며, 향후 키르케고르의 관심이 무엇이 될 것인지를 가늠하게 해 주는 부분이다.

이상 『이것이냐 저것이냐』의 구성과 그 대략적인 내용을 살펴보면 비록 각 장의 내용들이 거의 단행본처럼 되어 있다고 하더라도, 전체적으로 유기적이며 논리적인 순서로 되어 있음을 알 수 있다. 가령 한 인간이 자신의 인생에 대해서 진지하게 생각하게 될 시점에서 발생하여, 죽음에 이르기까지 발생하게 될 '심미적인 실존,' '윤리적인 실존' 그리고 '종교적인 실존'의 다양한 과정들을 (저작 시기와 무관하게) 삶의 발생학적 과정의 순서와 유사하게 배치하고 있는 것이다. 그렇기 때문에 키르케고르의 사유를 처음 접하는 초심자들에게 이 책은 키르케고르의 사유로 진입하기 위한 이상적인 입문서라고 해도 과언이 아니며, 또한 그의 사유에 특별히 관심이 없는 사람이라고 할지라도 인생의 제 문제들에 고민하는 사람이라면 사유의 단초를 발견할 수 있는 매우 유용한 책이라고 할 수 있다. 다만 실존주의 철학자들의 작품들이 으레 그렇듯이 다분히 문학적이고 에세이집 같은 문장구성과 끊임없이 이어지는 문제제기들과 반복 그리고 중간 중간 등장하는 소설과 같은 삽화들이 핵심 사안이나 분명한 주장들을 파악하는 데 어려움을 주고 있는 것도 사실이며, 철학적인 작업들에 익숙하지 않은 이들(예를 들어 이공계통의 사람들이나 과학도들)에게는 이러한 논의들이 지루하고 무의미하게 느껴질 수도 있을 것이다. 따라서 이러한 이들은 통독보다는 눈으로 가볍게 읽어 내려가면서 중요한 명제나 결론에 해당하는 구절을 발견하고 그 부분을 명상해 보는 것도 도움이 될 것이다. 하지만 약간의 인내심과 독서하는 그 자체에 기쁨을 느끼고자 한다면 그 어떤 고전이나 명저들 못지 않은 삶의 지혜를 발견할 수도 있을 것이다.

2장
인생에 대한 실존주의적인 문제제기와 우수(멜랑콜리)의 의미

키르케고르는 이 책의 「서문」에서 외면성과 내면성에 대한 헤겔의 사유에 의문을 제기하면서 시작하고 있는데, 이는 '실존주의'라는 그 용어가 의미하는 핵심문제를 야기하고 있는 것이다. 실존주의의 문제제기는 다양하게 주어질 수 있겠지만, 내면성과 외면성에 대한 질문은 그중 가장 중요한 하나의 축이다. 그리고 이 문제는 우리가 '실존'이라는 것을 생각하자마자 등장하게 되는 문제이기도 하며, 나아가 키르케고르가 '우수憂愁의 철학자' 혹은 '멜랑콜리한 사상가'라고 별명을 가지게 된 이유이기도 하다. 어떤 사람이 '진리' 혹은 '진실'에 대해서 진지하게 생각하게 될 때, 가장 먼저 부딪히게 되는 것은 '세상 사람들이 진실하지 못하다' 혹은 '사람들이 진리를 살지 않는다'는 것이다. 다시 말해서 세상이 위선과 허위로 가득 차 있다는 사실과 마주하는 것이다. 그런데 위선 혹은 허위란 무엇을 말하는가? 이는 어떤 사람이 그의 겉모습으로 나타나는 것과 그의 실제모습 즉 내면이 다르다는 의미이다. 인간관계에서 우리를 괴롭히고 고뇌하게 하는 첫 번째 요인은 아마도 우리와 관계를 맺고 있는 사람들이 진실하지 못하며 위선적이라는 사실을 발견하는 일일 것이다. 가령 사회에서 모범적인 교사이고 존경받는 정치인이지만 그의 자녀들은 그 아버지를 싫어할 수가 있다. 왜냐하면 그가 지닌 모범과 존경이 그의 삶을 속속들이 알고 있는 자녀들에게는 '허위'이고 '위선'일 뿐이며, 그의 내면은 여전히 '권위'와 '가식' 그리고 '탐욕' 등으로 가득 차 있을 수 있기 때문이다. 다시 말해서 그의 외면성과 내면성은 완전히 다를 수 있다는 것이다. 이러한 이중성은 인간으로 하여금 진정한 관계형성을 불가능하게 만든다. 왜냐하면 진정한 관계성은 항상 그의 내면과의 관계성을 의미하지만, 위선은 결코 내면성을 드러내지 않기 때문이다. 그런데 어떤 측면에서 이러한 내면과 외면의 차이 혹은 거리감은 인간으로 살아가기 위한 조건과 같은 것이라고 할 수 있다. 인간성 그 자체의 조건과 사회적 구조 속에 살고 있다는 그 조건 때문이다. 그렇기 때문에 사람은 누구나 정도의 차이를 가지고 이러한 내면과 외면의 불일치를 가지고 살 수밖에 없다. 그래서 만일 누군가가 진실이라는 차원에서 진지하게 그리고 에누리 없이 세상을 고찰하고자 한다면 마치 세상 전체가 거대한 허상 혹은 위선의 덩어리처럼 보이기도 하는 것이다. 바로 이 때문에 플라톤은 이 세상이란 참된 세상의 그림자에 지나지 않는 것으로 보았고, 또한 이 때문에 세상에는 회의주의자나 비관주의자가 존재하는 것이다.

그런데 만일 어떤 사람이 '실존'의 문제를 진지하게 고려하고 있는 실존주의자라면, 그는 우선적으로 '내면의 문제'에 집중할 수밖에 없을 것이다. 왜냐하면 실존實存이란 문자 그대로 '실제로 존재하는 것' 혹은 '진정으로 의미가 있는 것' 등을 뜻하기 때문이다. 내가 지니고 있는 외적인 혹은 형식적인 나의 동일성이나 정체성(즉 나의 본질)이 문제가 아니라, 실제로 내가 누구이며 어떠한 사람인지를 진지하게 질문한다는 것은 곧 나의 내면이 이러한 나의 정체성에 일치하는 것인가를 묻고 있는 것이다. 가령 친한 벗이 반갑게 인사하며 악수를 청하지만 만일 그가 속으로 나를 무시하고 경멸하고 있다면 그를 진정한 벗이라고 할 수가 없을 것이다. 마찬가지로 화가는 내가 얼마나 많은 그림을 그렸고, 얼마나 사람들이 나의 그림을 존중하는 것을 문제 삼는 것이 아니라, 내가 진정 화가인가? 즉 나는 그림 그리는 것을 좋아하고, 그림 그린다는 것이 나에게 무엇보다 소중한 것인지 혹은 나의 내면은 진정으로 그림을 그리고자 하는 열망으로 가득한지를 묻는 것이다. 실존이란 내가 지금 현재 내적으로 그리고 진지하게 의미를 가지고 있는 것, 내가 진심으로 염려하고 있는 것, 실제로 나의 내면을 채우고 있는 것을 의미하기 때문이다. 따라서 이러한 실존에 대해서 염려한다는 것은 어떤 의미에 있어서 '참된 존재' 또는 '진정한 인간'이 되고자 하는 것과 맞물려 있다. 왜냐하면 우리는 외적으로 보이는 것과 내적으로 숨겨져 있는 것이 동일할 때 참되다고 말하기 때문이다.

그래서 한 사람의 실존주의자가 우선적으로 질문을 던지는 것은 문화적 규범이나 사회제도 혹은 사회정의나 정치체제가 아니라, '나 자신'이다. '나는 참으로 진지하고 성실하게 삶을 영위하는가?' '나는 참으로 나의 사회적 지위에 적합하게 살고 있는가?' '나는 내가 하는 일을 진정으로 좋아하고 의미를 가지고 있는가?' '내가 관계하고 있는 사람들과 나의 관계는 진실한가?' '나는 참으로 행복한 삶을 살고 있는가?'하는 등의 질문을 하게 되는 것이다. 왜냐하면 진리란 바로 이러한 '진실성'의 바탕 위에서만 추구할 수 있는 것이기 때문이다. 그리고 이러한 나의 삶의 자

실존주의는 왜 세계대전 이후에 나타나게 되었는가?

실존주의는 우선적으로 '주체성'의 문제로서 나타난다. 이는 '내가 내 행위의 주체가 된다,' '내가 나의 삶의 주인이 되어 결정한다'는 등을 말한다. 세계대전 이후 유럽인들은 전쟁의 원인이 되었던 기존의 사회적 이념이나 사상에 대해서 염증을 느끼게 된다. '민족주의,' '사회주의,' '공산주의' 등의 정치적 이념이나 '종교적 이상향' 등 사회 구성원들이 공동으로 믿고 따르던 이념들이 결국 자신들을 비참함으로 이끌었다고 생각하기 시작하였고, 사회의 집단적이고 공동체적인 모든 이념들에 대해 믿음을 상실하게 된 것이다. 이러한 때에는 자신들의 삶의 의미나 행복을 더 이상 집단적인 이념을 따르는 것에서 추구하지 않고 자기 스스로가 추구하고자 할 수밖에 없는 것이다. 자신의 의미 있는 인생, 진정한 행복을 보장할 사상을 자기 스스로 결정하고 자기가 자신의 인생의 주인이 되는 그러한 사유를 추구하는 것을 실존주의라고 하는 것이다. 따라서 이러한 실존주의 사상에서 가장 중요한 것은 한 개인이 '진실하게' 되는 것이다. 왜냐하면 더 이상 집단이나 사회가 요구하는 어떤 모범적인 모습이나 이상적인 유형을 가식적으로 따를 필요가 없기 때문이며, 자신이 진정한 자신의 삶의 주인이 되어 자신의 삶의 의미나 행복을 추구한다는 것은 오직 스스로 진실하게 살아가는 한에서 가능하기 때문이다.

세가 내면으로부터 형성되고 있을 때, 곧 '실존적으로' 살게 되는 것이다. 이러한 '진실성'을 전제하지 않는 모든 것은 그것이 외향적으로 아무리 화려하고 큰 것이라고 하더라도 '무의미한 것'이며 '허망한 것'이라고 생각하는 것이 한 실존주의자의 인생관이고 진리관이다. **한 사람의 실존주의자는 외향적인 것이 아닌 내향적인 것, 양적인 것이 아닌 질적인 것을 추구하고 있는 사람이다.**

이러한 관점에서 키르케고르가 「디아프살마타」에서 저술하고 있는 내용은 '시대의 삶 자체' 혹은 '인생 그 자체'와 '자기 자신'에 대한 근본적인 문제제기 혹은 '실존주의적 문제제기'라고 볼 수 있다. 즉 인생이란 살 만한 것인가? 이성적인 사람들이란 진정 이성적인 것인가? 세상 사람들은 자유로운가? 세상은 진실한가? 행복하다고 하는 사람들은 진정 행복한가? 세상의 향락은 진정한 향락인가? 이 시대는 진리에 대한 열정을 가지고 있는가? 나의 인생에 관한 고찰은 의미가 있는가? 나의 영혼은 충만한가? 나의 삶은 진정 행복한가? 하는 질문들을 던지면서 삶에 대한 근본적인 문제제기를 하는 것이다. 그리고 이에 대한 대답은 전체적으로 부정적이다. 세상은 허망한 것이며, 이성적이라고 하는 사람들은 끔찍하고, 세상은 허상으로 가득하고, 사람들은 속박과 굴레에 싸여 있으며, 일체가 오해 투성이다. 세상은 향락을 구하나 진정한 향락을 놓쳐 버리고, 세상은 열정을 가지고 있기보다는 반쯤 잠들어 있다. 행복의 자리에 우울함이 차지하고 있고, 나의 인생에 대한 고찰은 절대적으로 무의미하다. 나의 영혼은 메말랐고, 인생은 처참하고 공허하다. 나의 인생은 전적으로 우울하고 불행하다. 몸부림치고 저항하지만 헛수고다. 이러한 때에 나는 무엇을 해야만 하는가? 우리는 이러한 키르케고르의 문제제기에서 뭉크의 「절규」를 연상해 볼 수 있을 것이다. 겉으로는 행복이 따라다니는 듯하지만, 실제로는 혹은 내적으로는 '절규의 삶'을 살고 있다는 것, 이러한 삶의 모순과 부조리를 회피하거나 숨기려 하지 않고, 합리화하거나 변호하지 않고 액면 그대로 인정하고 마주한다는 것, 이것이 키르케고르가 보여 주고 있는 삶에 대한 실존주의적인 문제제기이다.

따라서 만일 일종의 철학적 지혜로서의 이러한 실존주의적인 문제제기를 이해하지 못한다면 그의 초기 작품을 읽기 시작한 사람들은 망설임 없이 키르케고르를 '우울한 사상가,' '우수(멜랑콜리)의 철학자'라고 단정해 버릴 것이다. 실제로 어떤 이들은 키르케고르가 사실은 우울증 환자였고, 그가 결혼할 수 없었던 것도 우울증 때문이라고 말하기도 한다. 그러나 이러한 판단은 마치 아귀나 문어가 가장 못생긴 생선이니 가장 맛도 없는 생선일 거라고 단정해 버리는 것만큼이나 어리석은 진단임이 분명하다. 인생에 대해 키르케고르와 동일한 고민이나 고뇌를 진지하게 해 보았거나 지금 하고 있는 사람이라면 이러한 문제제기를 자신의 철학적 작업의 출발점으로 삼는다는 것은 위험천만하지만 그러나 참으로 용기 있는 결단이며 위대한 행위라는 것을 긍정하게 될 것이다. 위험천만하다고 생각하는 이유는 이러한 출발점을 가진다는 것은 한 사회 전체를 상대로 그들의 삶을 고발하고 있는 선지자와 같은 것이기 때문에 결코 자신의 사회로부터 환영받지 못할 것이며, 따라서 결국 외톨이가 될 수밖에 없을 것이라는 사실을 알고 있기 때문이다. 반면 이러한 행위가 용기 있는 행위이며 위대하다고 생각하는 이유는 한 사회 전체 혹은 세상 자체를 상대로 '진실을 위하여' 맞서고 있는, 일반인들은 결코 흉내 낼 수 없는 과업을 감당하고 있기 때문이다. 이는 어떤 측면에서는 부처나 예수 혹은 소크라테스 같은 위대한 위인들에게만 볼 수 있었던 드문 행위, 즉 거대한 집단적인 허위 앞에 사랑을 통하여 당당하게 홀로 맞서는 행위와 같은 것이기 때문이다.

우리는 이상의 키르케고르의 행위를 통해서 '우수' 혹은 '멜랑콜리'에 대한 긍정적인 시각을 도출해 볼 수 있다. 일반적으로 '우수,' '우울증,' '애수' 등으로 번역되는 불어의 '멜랑콜리mélancolie'는 일종의 정신적인 히스테리를 의미하며 부정적인 사태를 지칭한다. 우수나 우울증에 빠진 사람은 매사 삶의 의욕을 잃은 사람이다. 그는 자신의 일에서나 인간관계에서 혹은 다른 그 어떤 것에서도 삶의 의미나 기쁨을 가질 수 없고 어떤 알 수 없는 슬픔에 휩싸인 사람이다. 그렇기 때문에 그의 실존은 자신에게 칩거하고 있고 무거우며 건전한 인간관계를 가지는 것이 불가능하게 된다. 삶에 의미가 있거나 가치 있는 그 무엇이 없기 때문에 현실에 대한 그의 판단은 매우 비관적이고 비판적이어서 자신뿐 아니라 주위사람들에게 매우 부정적인 영향을 끼친다. 심할 경우 인생에 대한 무의미와 슬픔이 가득하여 살아갈 힘을 가질 수가 없으며, 자살을 시도하기도 한다. 문제는 그에게 우수에 빠진 그 이유를 묻는다면 그는 그것을 알지 못한다는 것이다. 그 이유를 알 수 없다는 것, 이것이 '우수'의 가장 큰 특징이며 그래서 무서운 것이기도 하다. 만일 그가 그 이유를 안다면 그는 이 우수를 극복할 수가 있을 것이지만, 그 이유를 알 수 없기 때문에 해결책이 없는 것이다. 어쩌면 이유를 알 수 없다기보다는 그 이유가 삶의 총체적인 문제이기 때문에 구체적인 어떤 사건이나 사태를 통해서는 이해되지 않는 것이다. 삶에 대한 총체적인 의미상실 혹은 의욕상실, 이것이 '우수'라는 것이다. 키르케고르 스스로가 이러한 '멜랑콜리'를 마치 피할 수 없는 인간의 한 조건처럼 즉 인간성의 외침처럼 고려하고 있는데, 그리스의 비극적인 인생관을 통해서 이를 말하고 있다.

그런데 우리는 이러한 삶의 총체적인 의욕상실을 하나의 일반적인 실존의 형식에서 발견할 수가 있다. 파스칼은 『팡세』에서 "세상의 허망함을 깨닫지 못한 사람은 허망한 사람이다"라는 역설적인 말을 한 적이 있는데, 만일 세상의 허망함을 깨달은 사람이 세상보다 더 큰 가치나 의미를 가진 무언가를 발견하지 못한다면 어떻게 될까? 세상의 허망함에 대한 의식은 다양한 방식으로 주어질 수 있다. 우연한 사고로 사랑하는 가족을 송두리째 잃어버린다거나, 그 어떤 이유로 세상 사람들에 대한 회의를 강하게 느끼거나, 가장 신뢰했던 누군가로부터 완전히 실망하거나, 혹은 자신이 목숨처럼 소중하게 여긴 어떤 정치적 신념이나 철학적 신념에 대해 실망하게 될 때 주어질 수 있다. 어쩌면 보다 고상하게 종교적인 차원에서 그의 자아나 영혼이 하나의 영원한 가치를 가지고 있다고 생각하지만 이를 추구할 수 있는 방법을 전혀 알 수 없을 때, 그의 의식은 우수에 빠질 수밖에 없을 것이다. 의미를 상실한다는 것이 '권태'라고 한다면, 이러한 권태에 뒤따르는 무기력함이 곧 '멜랑콜리'이다. 그렇기 때문에 **'우수' 혹은 '우울증'은 본질적으로 실존의 문제이며, 정신적인 문제이다.**

키르케고르는 이러한 인간의 비극적인 운명에 대해서 이 책의 5장인 「가장 불행한 사람」에 이르기까지 지속적으로 언급하고 있다. 그리고 그는 이러한 비극적인 운명이 보편적인 인간의 운명이라고 암시하고 있다. 아마도 이러한 인간의 비극적인 운명에 대해서 최종적으로 진술하고 있는 부분은 "무덤 속에는 평화가 있다. 거기서 말없이 살고 있는 사람은 비애를 모른다"라고 말하는 대목일 것이다. 즉 죽음만이 이 지상의 비애를 완전하게 해결해 주는 것이라는 것이다. 그런데 우리는 역설적으로 세상으로부터 완전히 의미를 상실하였다는 이 사실에서 파스칼이 암시하고 있는 것처럼 세상보다 위대한 한 영혼을 발견하게 된다. 생각해 보자. 집착하거나 열광하던 어떤 것에서 의미를 상실한다는 것은 수평적으로 동일한 가치를 가진 다른 것에 대한 관심사를 발견하거나 혹은 수직적으로 그것보다 상위적인 가치를 가진 다른 어떤 것을 발견하였을 때이다. 하지만 세상의 모든 것에서 관심을 상실한다는 것은 수평적이거나 수직적인 모든 것에서 의미를 상실한다는 것이며, 그럼에도 삶을 의미 있게 지속한다는 것은 자신의 내면이 세상의 것보다 더 큰 가치를 지닌 것(지평적으로 상위적인 것)을 추구하고 있을 때뿐이다. 베토벤이 감동적인 음악을 작곡할 수 있었던 것은 세상에서 더 이상 자신을 감동시킬 수 있는 음악을 발견할 수가 없었기 때문이었듯이, 사람들은 세상이 주는 것에서 더 이상 의미 있는 무엇을 발견할 수 없을 때 세상적인 것보다 더 큰 것을 갈망할 수밖에 없다. 즉 **세상에 대해서 권태를 느끼고 우수를 체험하게 된다는 것은 세상을 넘어서는 인간성이 지닌 '위대함'의 징표인 것이다.** 만일 세상에 대한 권태나 우수 앞에서 아무것도 할 수 있는 것이 없다고 생각한다면 인간의 정신은 정지되고 '우수'에 안주할 수밖에 없다. 아니 어쩌면 이러한 인생의 비극 앞에서 인간으로서는 할 수 있는 것이 없다고 하는 이 생각이 곧 이미 정신의 '멜랑콜리'이다. 감정의 기분이나 육체적인 기질로서의 멜랑콜리는 이러한 정신의 멜랑콜리를 뒤따라오는 것이다. 반면 만일 베토벤처럼 스스로 이러한 멜랑콜리를 극복할 수 있는 차원 높은 삶의 의미나 보다 가치 있는 것을 산출하거나 발견하게 된다면, 멜랑콜리로부터 벗어날 수 있을 것이다. 그리고 이 세상이 줄 수 없는 보다 가치 있는 무엇을 가지게 될 것이다. 그래서 멜랑콜리를 철학적 관점에서 일종의 죄로 보는 것은 타당하다. 종교철학자 앙리 뒤메리는 "철학적인 관점에서 죄는 단 하나이다. 그것은 아무것도 갈망하지 않는다는 것이다"라고 했는데, 이는 곧 인간이 현재의 삶에서 의미를 상실하였을 때, 보다 가치 있는 무엇을 전혀 추구하지 않고 안주해 버리는 것을 말한다. 왜냐하면 이때 이 안주란 더 이상 그의 인생에서 의미 있는 무엇이 없고, 향후 인생 전체가 무의미하게 되어 버린다는 것을 함의하고 있기 때문이다. 키르케고르가 '권태'가 악의 뿌리라고 하는 것은 바로 이러한 의미이다. **무의미하게 생을 보낸다는 것은 곧 인생을 허비한 죄를 짓는다는 것이다.**

그런데 키르케고르에게 있어서 문제는 세상의 대다수 사람들이 이러한 권태를 가지고 있으면서도 이를 문제 삼지 않거나 이러한 실존의 권태로부터 '도약'을 꿈꾸지 않는다는 것에 있다. 사람들은 이러한 권태를 해결하기 위해서 기껏해야 수평적인 이동을 꿈꾸고 있을 뿐이다. 산과 들로 소풍을 가고, 그것에 싫증나면 다른 도시로 여행을 가며, 그것도 권태로우면 해외여행을 계획한다. 나중에는 달과 다른 행성으로 여행을 꿈꾸게 될 것이다. 그러나 인간실존의 문제는 본질적으로 수직적이고 질적인 가치의 도약을 필요로 하는 것이지 수평적이고 양적인 이동이나 변화의 문제가 아니다. 그래서 심미적인 실존은 윤리적으로 도약하고 윤리적인 실존은 종교적인 실존으로 도약을 감행하지 않을 수가 없다. 이러한 도약은 결국 시간성과 유한성을 넘어서 영원성과 무한성으로 나아가야 한다. 어쩌면 인간이 삶에 대해서 권태를 느낄 수 있다는 것, 이 세상에 대해서 우수를 가질 수 있다는 것, 이것은 영혼의 도약을 위한 계기를 의미하는 것이다. 이러한 계기가 없다면 인간은 진정으로 진리나 구원에 대해서 논할 자격이 없다는 것, 그리고 이러한 계기를 진지하게 체험하는 인간은 이미 세상보다 훨씬 더 크다는 것, 이것이 키르케고르의 실존주의적인 문제제기에서 우리가 이해해야만 하는 것이다. 그래서 「디아프살마타」의 마지막 지음에서 그는 대담하게 다음과 같이 말하고 있다. "어떤 철학도 인정하지 않을 수 없는 영원한 진리를 피력해 보이겠다." 그는 **이미 이 말을 통해서 세상의 혹은 자신의 '멜랑콜리'를 넘어서고자 하는 강한 의지를, 아니 이미 멜랑콜리를 극복한 위대한 사상가의 면모를 내비치고 있는 것이다.**

3장
심미적 실존과 실존주의 예술관

1. 실존적인 것 혹은 실존적인 삶의 의미

「에로스적인 것의 직접적인 단계, 혹은 음악적이며 에로스적인 것」이란 다소 긴 제목의 2장은 '심미적 실존'*의 특징과 키르케고르의 예술관을 엿볼 수 있는 곳이다. 「서문」에서 저자는 청소년 시절 누구나 한 번은 체험하였을 자신의 일화를 과장하여

* 실존의 세 단계에서 첫 단계를 말하는 '심미적인 실존'은 사람에 따라서는 '미학적인 실존'이라고 번역하여 사용하기도 한다. 사실상 이 두 가지 번역은 내용상 미묘한 차이가 있겠지만, 그 지칭하는 사태는 동일한 것이기에 여기서는 이 두 용어에 대한 근본적인 구분 없이 문맥에 따라 적절하게 사용하고 있다.

풍자적으로 제시하고 있다. 스스로 음악에 대한 전문적인 지식이 없는 아마추어라고 고백하면서도 모차르트의 「돈 조반니」를 듣고는 모차르트가 세상의 모든 음악가들과 모든 예술가 중에서 가장 훌륭한 사람, 최고의 위치에 있는 사람임을 세상에 알리고 이를 인정받게 할 것이라고 공언하고 있다. 이를 위해서 단체를 만들고, 음악가들과 성직자들을 찾아가 설득을 하고, 자신의 생존보다도 이를 더 중시 여길 것이라고 말한다. 게다가 모차르트의 모든 음악들 중에서도 「돈 조반니」가 단연 최고의 음악이라고 주장하면서, 이 음악이 모차르트의 위대함의 '자격증명서' 같은 것이며 이를 입증할 것이라고 말한다. 그러면서도 그는 스스로 이러한 생각을 어린아이 같은 생각이라고 고백하고 있다. 그럼에도 그는 이를 부끄럽게는 여기지는 않을 것이며 또 이러한 그의 행동에 대해서 모차르트에게 용서를 빌겠다고 말한다. 왜냐하면 이러한 행동이 분별 없고 시간을 허비하는 바보 같은 짓이라는 것을 알기 때문이라고 한다.

모차르트를 세상의 제일가는 음악가로 칭찬하면서 다른 한편으로 이러한 행동이 어리석고 바보 같은 짓이라는 것을 고백하는 이 모순된 행위는 그럼에도 인간의 심미적 실존의 특징과 '실존적이 되다'는 것의 의미를 잘 말해 주고 있다. 사람들은 누구나 심미적 혹은 미학적인 것에 눈뜨는 순간이 있다. 고흐의 그림을 보고 충격을 받거나, 비틀스의 팝송에 매료되거나, 베토벤의 「운명」을 듣고 처음으로 음악이란 것에 감동하게 되는 순간 등이다. 이러한 시기에 사람들은 처음 자신이 감동을 받은 이 음악을 세상에서 가장 위대한 것, 가장 훌륭한 것이라고 공공연하게 말하면서 누구에게라도 자신 있게 이를 말할 수 있을 것 같은 기분을 가지게 된다. 하지만 시간이 지남에 따라 그리고 그가 보다 더 많은 음악을 듣고 음악에 대해서 보다 깊이 이해하게 되면 처음에 그가 가졌던 생각이 어린아이 같은 생각임을 알게 된다. 많은 사람들은 처음에 자신이 감동하였던 그 음악에 대해서 지상 최고의 음악이라고 치켜세웠던 그 경솔한 행동을 부끄럽게 생각할 것이다. 그런데 키르케고르는 이러한 경솔한 행동이 결코 부끄러운 행동이 아니며, (학문적으로) 철저하게 고찰하는 행위보다도 더 가치 있는 것이라고 말하고 있다. 이러한 키르케고르의 사유에서 우리는 두 가지의 중요한 점을 발견할 수가 있다. 첫째는 '최초' 혹은 '계기'라는 것에 대한 의미이며, 둘째는 '실존적'이라는 것의 의미이다. 그리고 이 두 가지 중요한 의미를 통해서 '고전예술'에서 '고전'이라는 것이 의미하는 바를 이해하는 저자의 사유를 읽어 낼 수 있다.

세상의 모든 일에는 '최초,' '처음'이라는 것이 붙는다. '첫 경험,' '첫사랑,' '첫 아기,' '첫 시험,' '최초의 부모,' '최초의 인간,' '최초의 죄' 등이 그러한 것이다. 이러한 최초의 일은 우리에게 이전에는 알지 못하였던 그 무엇인가에 눈뜨게 하고 우리에게 인생에서 다른 한 지평을 열어 준다. 그리고 그에게 새로운 삶의 지평을 열어 준다는 한에서 그가 마주하고 있는 이 최초의 사건은 세상에서 가장 중요한 사건이며, 세상에서 (최소한 그에게는) 그보다 더 중요한 것은 없다. 왜냐하면 이전까지 그에게 의미가 있었던 그 어떤 것보다 더 크고 중요한 것이기 때문이다. 그렇기 때문에 모차르트의 「돈 조반니」를 듣고 감동하여 이 음악이 세상에서 최고의 음악이라고 사람들을 설득하고자 하는 키르케고르의 행동은 충분히 납득할 만하다. 그는 최초로 음악이라는 것, 즉 예술에 대해 눈떴기 때문이다. 이때까지 가질 수 없었던 새로운 감동, 새로운 삶의 의미, 새로운 환희를 가질 수가 있게 되었기 때문이다. 그런데 이러한 최초의 사건은 이후에 일어날 다른 유사한 사건들과는 근본적으로 다른 것이다. 왜냐하면 여기에는 순수하다는 의미가 내포되어 있기 때문이다. 첫사랑이 중요하고 소중한 것은 그것이 '사랑'이라는 것 이외에 다른 어떤 것이 섞여 있지 않은 순수한 사랑이기 때문이다. 처음 세상에 탄생한 아기들이 하나같이 고귀하고 소중하게 보이는 것은 그 아이에게는 어른들에게 볼 수 있는 모든 부정적인 것들이 제거되어 있기 때문이다. 즉 소극적인 의미에서 '신성한 무엇'이라고 할 수 있는 '순수성'이 그곳에 있기 때문이다. 그렇기 때문에 모든 '최초의 사건'은 그로 하여금 '존재함의 가치,' '산다는 것의 고귀함'을 일깨워 준다. 처음으로 인생이 얼마나 가치 있고 살 만한 것인지를 알게 하는 것이다. 그렇기 때문에 '첫 사건'이라는 것은 하나의 새로운 삶을 시작하게 되는 '계기'이다. 그것으로 인하여 그가 삶의 새로운 지평으로 진입하는 것이다.

그런데 이러한 최초의 사건, 새로운 지평으로 나아갈 계기는 반드시 시간적으로 처음 만나게 되는 것은 아니다. 어떤 사람은 허다한 음악을 듣고 허다한 미술 작품을 보았지만, 감동받거나 예술에 대해서 새로운 지평에 눈뜨게 하는 것은 듣지 못하고 보지 못하는 경우도 있을 것이며, 어느 순간 갑작스럽게 이를 마주하게 될 수도 있을 것이다. 죽을 때까지 이를 체험하지 못하는 사람이 있을 것이라는 것도 불가능한 것은 아니다. 하지만 어느 순간 어느 시점에서 우리는 이러한 최초의 사건과 마주하게 될 것이다. 이러한 순간을 키르케고르는 '우연' 혹은 '행운'이라고 말하며, 또한 '운명,' '하늘의 선물'이라고 말하기도 한다. 왜냐하면 이는 그 이유나 조건들에 있어서 설명이 불가능한 것이기 때문이다. 그리고 이러한 사건과 마주하게 되면 그의 삶은 완전히 달라질 것이다. 사도 바울은 단 한 번 신을 만남으로써 박해자에서 순교자로 그의 인생이 완전히 바뀌게 되었다. 하지만 어떤 사람은 20년을 기도하였지만 이러한 삶을 바꾸는 체험을 못 할 수도 있을 것이다. 여기서 우리는 '실존적'이라는 사태와 마주하게 된다. 어떤 사람이 어떤 것에 대해 실존적이 된다는 것은 관련된 대상이 무엇이건 그것이 지금 자신이 관심을 가지고 있는 것 중에서 가장 의미 있거나 가장 중요하거나 가장 가치 있는 것으로 여겨지는 것이다. 그래서 이 관계된 대상에 대해서 모든 것에 앞서, 온 마음을 다하여 추구하게 된다. 그것이 예술이든, 인간관계든 혹은 종교적인 어떤 것이든 가장 의미가 있으며, 가장 관심이 집중되고 자신의 내면을 어떤 소중한 가치의 정서로 가득 채우고 있을 때, 우리는 이러한 것에 대해 '실존적'이 된다고 하는 것이다. 따라서 실존적이 된다는 것은 관계된 내용의 주제 혹은 범주와 연관성이 있는 것이 아니라, 대상과 주체의 관계성의 질적인 문제가 중요하게 부각되는 것이다. **즉 실존적으로 산다는 것은 기질적으로는 삶에 대해 '진지하게' 산다는 것이며, '정열'을 가지고 있다는 것을 의미한다.**

키르케고르가 "나의 불행은 시대가 시시하다는 점에 있다. 왜냐하면 이 시대는 정열을 갖고 있지 않기 때문이다(이것이냐1, 47)"라고 말했을 때, 그는 당시 사람들의 비-실존적인 태도를 비판하고 있기도 하지만 또한 시대가 실존적이지 못하기 때문에 자신이 불행할 정도로 자신은 진지함을 혹은 실존적임을 말해주고 있는 것이다. 그는 "우리시대의 불행이 바로 '적당히'라는 모토에 있고 모든 일을 적당히 처리하는 데에 있고, 또 바로 그것이야말로 고침을 받아야 할 병"이라고 말하고 있다. 모든 것에 있어서 진지하게 임한다는 것은 단순히 정열만을 문제 삼는 것이 아니라, '깨어 있다'는 것을 의미하기도 한다. 깨어 있음을 말한다는 것은 이미 도덕적인 어떤 것이다. 그는 『관점』에서 "군중이 있는 곳에는 어디에나 비진리가 있다. … 하여간 군중은 비-진리다"라고 말하고 있는데, 이는 군중이란 본질적으로 자기 스스로의 양심과 결단에 의해 행위하기보다는 전체 혹은 집단의 경향성에 따라서 행동하기 때문이다. 즉 항상 참과 거짓, 옳음과 그름에 대해서 스스로의 양심에 비추어 주체적으로 행동하라는 말이다. 마찬가지로 그는 "일체의 적당히는 절대자와의 관계에 있어서는 연극적인 것에 불과하고, 일체의 적당히는 허망을 붙들기가 일쑤다"라고 말하고 있는데, 이는 특히 종교적인 실존의 차원에서 실존적인 것을 말하고 있다. 신 앞에서 죄를 고백하는 사람이 아홉 개를 고백하고 단 하나만을 제외시켜도 그것은 전혀 죄를 고백하지 않는 것과 다름 없을 것이다. 절대자 앞에서 진지하게 된다는 것은 '순수하다,' '결백하다,' '절대로 참되다'는 의미를 가지고 있다. 그렇기 때문에 겉으로는 아주 충실하고 신실한 종교인이 실존적인 차원에서 여전히 불성실하고 비-종교인처럼, 즉 심미주의자처럼 살 수가 있는 것이다. 따라서 '실존적'이라는 말은 '진지성,' '주체성(개별성),' '순수성'과 같은 개념들과 호환될 수 있는 개념이며, 이 모든 개념들에는 외면성에 대립하는 '내면성'이 부각되어 있다. 왜냐하면 **내면성이 결여되어 있다는 것은 진지하지 않다는 것이며, 주체적이지 못하다는 것이고 또한 순수하지 못한 것이기 때문이다.**

그런데 키르케고르의 실존주의에서 '실존'이라는 의미에 있어서 중요한 하나의 사유는 인간존재의 특수함 혹은 인간의 종교적인 실존과 밀접한 관련이 있다. 그것은 '영원성'의 개념이다. 이 영원성의 개념은 이미 『이것이냐 저것이냐』의 전반에 걸쳐서 지속적으로 언급되고 있다. 인간실존의 영원성에 대한 관계는 또한 '실존'이라는 것의 어원과 관련이 있는 것이며, 왜 실존적인 사람은 궁극적으로 종교적 실존으로 나아갈 수밖에 없는 것인가

하는 점을 설명해 주고 있다. '실존'의 라틴어 말은 '이그지스텐시아*existentia*'인데, 이 용어는 이미 스콜라철학에서 사용된 것이지만, 철학적인 중요 개념으로 등장한 것은 키르케고르 이후이다. *existentia*는 '솟아나다,' '발생하다,' '생겨나다'는 동사 '이그지스토*existo*'의 명사형이다. 따라서 실존이란 단어는 그 어원에서 두 가지 의미로 해석이 가능하다. 하나는 스콜라철학에서 말하는 '존재*esse*'의 개념에서 파생한 것인데, 나의 '존재하는 근원적인 능력'이 '나의 본질'에 있지 않다는 것이며, 그런 한 내가 지속적으로 존재한다는 것은 이 '존재하는 힘'의 궁극적인 원인과의 관계를 말해 주는 것이다.

여기서 내가 나의 실존을 진지하게 생각한다는 것은 곧 존재하는 원인으로서의 근원적인 힘을 생각하게 한다는 것이며, 따라서 인간과 신의 관계성에 대해서 고려하고 있다는 것을 말하고 있다. 그래서 만일 어떤 사람이 그가 새로운 사건을 마주하고, 새로운 삶의 지평에 눈뜨게 될 때 이러한 새로운 삶의 지평이 어떻게 발생하였는지를 진지하고 최후까지 생각하게 되면, 그 근원적인 원인이 곧 '절대자'라는 것을 생각한다는 것은 충분히 가능한 것이다. 바로 여기서 '시간성'과 '영원성'의 관계성이 가능하게 되는 것이다. 그래서 키르케고르는 "모든 최초의 사건

스콜라철학의 '존재의 질서'와 '본질의 질서'에 대한 구분

스콜라철학에서는 '존재*esse*'와 '본질*essentia*'을 구분하고 있다. 모든 존재하는 것에는 '존재'의 질서와 '본질'의 질서가 구분된다. 토끼가 토끼의 본질(본성)을 가지고 있다는 것은 토끼가 여기 '존재하고 있다'는 사태와는 무관하다. 다시 말해서 여기 이 토끼가 내일 역시 없지 않고 존재할 것이라는 사실은 그 동물이 토끼의 본질을 가지고 있다는 사태로부터 보장되는 것이 아니다. 한 마리 토끼는 비록 죽기 직전에도 토끼의 본질을 지니고 있지만 죽을 수밖에 없는 존재이다. 이처럼 모든 존재하는 것이 그가 존재하고 있다는 사태는 그 자신(그의 본질)에 의한 것이 아니라, 그의 존재(존재하는 근원적인 힘)에 의해 가능하며, 이 존재가 그의 본질에서 기인된 것이 아닌 한 다른 원인에 의해 기인된 것이다. 이 다른 원인을 스콜라철학에서는 '존재 자체*Ipsum Esse*' 즉 그 자신의 본질이 곧 '존재하는 자'이며, 스스로의 본질에 의해서 존재하고 있는 '신神'이라고 보았다. 따라서 세계가 존재하고 있지만, 세계가 스스로의 원인에 의해서 존재하지 않는다는 사실은 곧 신의 존재를 말해 주며, 신의 존재에 대한 세계 존재의

> 의존을 말해 주고 있다. 세계가 매 순간 존재하기 위해서 신의 존재로부터 '존재*esse*'를 분유받는다는 혹은 신의 존재에게 참여한다는 것을 '분유론*participatio*'이라고 한다. 따라서 내가 '무엇인 것' 즉 나의 본질과 내가 존재*esse*를 소유하고 있다는 것은 서로 다른 질서에 있는 것이며, 동일한 질서(범주)에서 고려할 수 없다.

에는 이미 영원성이 거기에 함께 있었고"라고 말하고, "모든 진정한 예술에는 특정종류의 영원성이 내포되어 있다"고 말하며, 또한 "연인들과의 에로스적인 사랑에도 그 시초에는 신성한 무엇이 깃들어 있다"고 말하는 것이다. '영원한 것,' '절대적인 것,' '신성한 것'은 모두 '신적 특성'이며, 바로 이러한 시간적이고 상대적인 지평을 넘어서는 곳에서 종교적인 실존이 시작되는 것이다. 그래서 야스퍼스 역시도 "종교적 사람이란 항상 근원적인 것과의 관계성 속에서 사는 사람"이라고 한 것이다.

물론 키르케고르가 실존이라는 말을 사용할 때 이러한 '존재의 질서'에서의 신의 존재와의 관계성을 우선적으로 염두에 두고 있는 것은 아닐 것이다. 그것은 앞서 말한 현재 나의 내면을 채우고 있는 것과 관련하여 '주체적인 것,' '진지한 것,' '순수한 것' 등과 우선적으로 관련이 있다. 즉 그것이 무엇이건 현재 나의 내면에서 발생하는 진지한 것, 매우 의미가 있는 것, 다른 모든 사태들에 앞서 나의 관심과 근심이 달려 있는 것, 내가 아닌 누구도 해결해 줄 수 없는 내밀한 나의 문제들, 즉 주체적인 어떤 것에 관한 것이다. 그런데 키르케고르가 요청하고 있듯이 만일 이러한 문제를 적당히가 아닌 절대적으로 취하고자 한다면, 여기서는 시간적인 것과 영원한 것, 상대적인 것과 절대적인 것의 일치가 요구될 것이다. 다시 말해서 세상 사람들의 눈에는 상대적이고 시간적인 것이지만, 문제가 되고 있는 그에게는 절대적이고 영원한 것처럼 고려되는 것이다. 그래서 주체적이 되는 사건이 진정 실존적인 의미로 이해된다는 것은 '절대자 앞에 단독자로 나서는 것'이거나 혹은 '내가 작은 신이 되는 것'이거나 둘 중 하나일 것이다. 전자는 키르케고르가 주장하는 것이라면 후자는 사르트르나 니체가 주장하는 것이다. 그래서 진정한 실존주의자는 사변적인 것에서 만족할 수가 없다. 특히 종교적인 문제와 관련이 될 때, 실존하는 사람은 신과 개인 사이의 관계성이 단순히 사변적인 것이 아니라, 실재가 되어야 한다. 즉 자신의 내면에서 진지하고 실제적인 사건으로, 가장 중요하고 가장 우선적인 관심과 근심의 대상이 되어야 하는 것이다. 즉 종교적인 문제에 대해서 신학 혹은 신학사상으로 만족하는 신앙인은 여전히 심미적인 실존에 머물고 있는 사람이며, 그 자신의 내면을 가득 채우고 있는 실제적인 문제로서 즉 자신의 진정한 삶의 문제로서 고려하고 있는 사람이 종교적인 실존에 거주하는 사람이다. 그래서 그는 후일 다른 저서에서 "자신의 삶을 실존하지 않으면서, 살지 않고 사변 속에서 삶을 영위하는 환상적인 사변에서 떠나라(관점, 121)"고 말하고 있는 것이다. 그렇기 때문에 키르케고르는 믿음의 문제를 '개념'의 문제로 다루고 있는 헤겔철학을 비판한 것이다. 즉 **믿음은 삶에서 사변을 넘어서는 최후의 삶의 문제인 것이다.** 그래서 키르케고르는 철학자란 모름지기 실존적인 사람, 즉 "철학자란 언제나 영원의 형식 속에 살고 있는 것이지 … 단지 몇 시간 동안만 영원을 위해서 사는 것이 아니다(이것이냐1, 6)"고 말한 것이다.

2. 심미적인 실존에서 정신적인 것과 고전예술의 본질

이러한 맥락에서 우리는 '심미적인 실존'의 본질적인 국면과 '진정한 예술'이 가지는 특징을 이해할 수 있다. 예술이란 무엇인가? 예술은 우선적으로 심미적인 실존에서 발생하는 사건이다. 그것이 음악이든 미술이든 혹은 조각이든 예술의 출발점은 우리의 오감을 통해서 우리의 내면에 어떤 사건을 유발하는 대상에 대한 관계성, 즉 심미적인 체험의 사건이다. 사람에 따라서는 이를 '매력'이라고도 하고 '감동'이라고도 할 것이다. 키르케고르는 「에로스적인 것의 직접적인 단계…」에서 이를 다만 '감각적인 것의 직접성'이라고 표현하고 있다. 예를 들어 우리는 자연을 볼 때 '감각적인 것에 대한 직접적인 체험'을 가질 수 있다. 언어로 표현하기 이전의 자연, 정신이 개입하기 이전의 자연, 이성으로 반성되기 이전의 자연 그리고 개념으로 규정되기 이전의 직접성으로서의 자연, 이것이 자연에서 느끼는 심미적인 것 혹은 감성적인 것이며, 감성적인 천재들은 이러한 체험을 매개로 하여 음악을 만들고 그림을 그리는 것이다. 따라서 심미적인 실존이란 아직 언어라는 것을 가지지 못했던 원시인들에게 있어서 다만 감탄이나 탄성을 통해서 체험되는 것과 유사하게 자연과 세계를 체험하는 것이다. 이러한 체험은 언어를 가진 이후에는 아름답다, 웅장하다, 신비롭다, 장엄하다는 등 그 어떤 형식으로든 표현될 수 있겠지만 그러나 이러한 언어적인 표현은 어디까지나 이차적인 반성에 뒤따르는 것이며, 자연 그 자체는 이러한 것을 말하고 있지는 않다. 자연은 말이 없다. 키르케고르는 "꾀꼬리가 운다거나 노래한다고 말하는 것은 벙어리가 말한다는 것과 같은 것"이라고 하면서, 우리가 자연에서 느끼는 감성은 언어로는 설명이 불가능한 것이라고 한다. 그렇기 때문에 감성적인 체험 혹은 심미적인 체험은 인간이 정신활동을 하기 이전의 가장 직접적이고 순수한 존재에 대한 체험이라고 할 수 있다. 굳이 언어로 표현하고자 한다면 '존재에 대한 직접적인 체험'에서 주어지는 '갈망할 만한 것'에 대한 체험이라고 할 수 있을 것이다.

이러한 심미적인 체험에 대한 이해는 하나의 긍정적인 효과를 가지고 있는데, 그것은 인간의 정신이 자연이나 세계에 대해서 의미나 가치를 부여하기 이전의 '가장 원초적인 가치감정'이라고 할 수 있다. 도구적인 이성이나, 과학적인 이성 등이 특정한 목적을 가지고 자연이나 세계를 규정하기 이전의 '가장 원초적인 존재'로서의 인간존재와 교감된 자연과 세계는 그 자체가 '실재'라고는 할 수 없겠지만, 실재의 가장 원초적인 모습을 간직하고 있는 것이다. 즉 온갖 환경의 영향에 의해 오염된 인간의 정신을 순수하게 정화한다는 의미를 담고 있다. 이러한 심미적인 체험은 무의미한 삶에, 즉 권태로운 정신에 이루 말할 수 없는 역동성을 부여한다. 즉 인간의 욕망이 깨어나는 것은 바로 이러한 심미적인 체험을 통해서이며, 또한 이러한 심미적인 실존을 통해서 인간은 비로소 자신의 욕망의 대상을 발견하게 되는 것이다. 이러한 욕망은 현대의 기술문명이나 자본주의에 의해서 발생한 탐욕과는 전혀 다른 욕망이며, 인간이 진정한 자신의 존재, 즉 정신으로서의 존재에 대해 자각하기 시작하는 시초의 욕망이며 따라서 건강하고 건전한 욕망이다. 이러한 욕망은 "자신에 관한 하나의 예감으로서만 현존하고 있는 욕망(이것이냐, 123)"이요, 이러한 욕망은 오직 내적인 정서의 도움을 받아서 우리의 삶에 활력을 부여하는 것이다. 바로 이러한 내적인 정서를 가지고 자연과 인생에 무한한 의미를 갖게 되는 실존이 곧 심미적인 실존의 모습이다. 따라서 만일 누군가 진정한 심미적인 실존을 가지고 있다면, 즉 감성적인 차원에서도 참으로 실존적으로 살고 있다면, 그의 삶은 참으로 활력적이고, 의미가 넘치며, 삶은 가치 있는 것들로 충만할 것이다. 그가 가는 도처에서 그는 그 자신의 욕망의 대상을 발견하고, 아름다움을 발견하며, 생의 환희를 발산할 것이다. 키르케고르는 이러한 심미적인 실존의 모습을 "생의 투명한 기쁨" 혹은 "사랑의 도취"라고 표현한다. 그의 걸음걸이는 참으로 경쾌하고 그의 존재는 살아가는 맛을 느끼며, 그가 만나는 모든 이에게 이러한 삶의 경쾌함과 행복감을 전

염시킬 것이다.

하지만 심미적 실존의 비극적인 측면은 이러한 그의 삶의 충만이 영속적일 수가 없다는 것에 있다. 왜냐하면 이러한 삶의 충만은 이를 지속하기 위해서 "생의 투명한 기쁨"을 계속 증가시키거나 혹은 욕망을 억제하면서 "불투명한 기쁨의 침울" 속으로 가라앉든가 해야만 하기 때문이다. 전자가 불가능하다는 것은 누구나 현실 안에서 체험할 수 있다. 그리고 후자는 우리가 '우수(멜랑콜리)'라고 부르는 것이다. 그래서 누구도 이러한 심미적인 실존만으로는 진정으로 행복할 수가 없다. 그가 심미적인 체험에서 주어지는 '투명한 기쁨'을 지속적으로 가지기 위해서 아무리 그 대상을 바꾸어 간다고 해도 결국 그는 권태를 느낄 수밖에 없을 것인데, 그 이유는 그가 정신적인 존재라는 것에 있다. 정신은 결코 충분히 정신적으로 정립되지 않는 한 욕구 불만을 해소할 수 없기 때문이다. 키르케고르는 인간이 정신적인 존재임에도 불구하고 이 진리를 거부하고 끊임없이 심미적인 실존에 머물고자 하였던 상징적인 인물로서 '돈 후안'을 꼽고 있는데, 그는 돈 후안을 "생사를 걸고 정신적인 것에 반항하는 감성적인 것으로 나타나는 존재"라고 평하고 있다. 하지만 돈 후안의 삶은 결국 불행하고 비극적인 삶으로 규정된다. 왜냐하면 그는 자신의 본질 혹은 자아를 가질 수가 없었고 결국은 공허만이 그의 실존을 채울 뿐이었기 때문이다. 그래서 키르케고르는 돈 후안을 "감성적으로 규정된 데모니시한(악마적인) 것의 표현"이라고 규정한다.

따라서 인간이 인간적으로 되고자 하는 한 순수하게 심미적인 체험에서 머물 수만은 없으며 정신적으로 도약하고자 하는 노력이 요청된다. 이러한 노력 중 대표적인 것이 곧 예술행위이다. 즉 예술이란 심미적인 실존에서 정신으로 규정되고자 하는 노력의 일환이라고 볼 수 있다. 키르케고르에게 있어서 하나의 예술작품으로 환원된 자연은 이미 정신적인 것이다. 왜냐하면 작품이란 이미 체험된 내적인 것이 외면성으로서 혹은 객관적인 대상으로서 자신의 바깥에서 구현된 것이기 때문이다. 하지만 작품은 정신적으로 규정되어 있기는 하지만 아직은 개념적인 것이 아니며, 힘이고, 생명이고, 운동이며, 부단한 불안이며, 끊임없는 연속인 것이다. 이것이 예술 속의 정신적인 것이다. 그리고 이러한 예술 속의 정신적인 것이 가장 분명하게 혹은 가장 일차적으로 드러나는 것은 음악이다.

감성의 직접적인 체험으로서의 미학적인 체험은 예술에 있어서 전제되는 필수적인 조건이다. 따라서 이러한 직접성은 우선적으로 온갖 종류의 서사성, 즉 이야기나 언어적인 설명을 배제시킨다. 그렇기 때문에 미학적 체험의 순수성을 가장 잘 간직하고 있는 예술은 음악이다. 왜냐하면 음악은 가장 언어적인 묘사와 거리가 먼 것, 즉 가장 주관적이고 가장 직접적인 것이기 때문이다. 그래서 그는 "감성적인 천재성이 본질적으로 음악의 주제"라고 말하면서, 이를 증명하는 것은 빈약한 언어를 사용하는 사상으로서는 불가능하며, 본질적으로 음악 그 자체를 통해서만 완전하게 증명할 수 있다고 보는 것이다. 여기서 실존주의 예술관에 대한 하나의 특징이 드러난다. **즉 예술에 있어서 첫 번째 중요성은 외부 대상에 대한 직접적인 감성적이고 심미적인 체험을 가정하며, 이러한 체험이 배제된 것은 아무리 그럴싸해도 그것은 진정한 예술작품이라고 하기는 어렵다.** 이는 음악뿐 아니라 조각이나 미술에서도 마찬가지다. 모든 예술에 있어서 감성적인 요소는 도구적이거나 부수적인 것이 아니라, 본질적인 요소이며 감성이 배제된 예술이란 "그것이 가진 아름다움을 완전히 폐기해 버리는 결과"를 초래할 것이다. 그렇기 때문에 예술작품에서 우선적인 관심의 대상은 감성적이고 심미적 요소이며, 작품의 소재가 가지는 서사성(이야기)은 그것이 아무리 위대한 것이라 할지라도 심미적인 요소를 대신할 수가 없다. 바로 이러한 이유로 키르케고르는 그리스 예술에 있어서 본질적인 요소인 서사성에 대해서 일종의 "속임수"라고 하고, 그리스적 영웅의 이야기를 찬미하는 미학자들을 "고전적인 싸구려 잡동사니"를 찬미하고 있다고 신랄하게 비판하고 있는 것이다.

여기서 우리는 「고전예술」에 대한 키르케고르의 사유를 알 수 있다. '고전예술'이라고 할 때 우리는 두 가지의 관념을 가질 수가 있다. 하나는 어떤 특정한 시기에 나타나는 예술사조로서 시기적인 구분을 한 것으로 흔히 17~18세기 유럽에서 나타난 예술사조이다. 이는 조화와 균형, 비례와 형식미를 중시하는 예술사조로서 그 기원은 그리스와 로마의 모범적 예술작품들이 가지는 공통적인 특징들을 다시 구현하려고 하는 예술이다. 이러한 의미에서 고전 예술이란 그리스 예술에서부터 르네상스 미술에 이르기까지 단정한 형식미를 중요시하는 예술이라고 할 수 있다. 다른 하나는 '고전'이란 시대와 역사를 초월하여 어떤 불멸성을 가진 예술이라고 할 수 있다. 가령 스필버그의 영화를 'SF의 고전이다'라고 할 때, 이는 모든 'SF'의 영화에 있어서 어떤 이상적인 모델이라는 것이며, 여기에는 시간과 문화를 초월하여 SF라는 영역에서는 항상 모델이 될 수 있는 어떤 보편적인 것이 내포되어 있다는 것이다. 따라서 소극적으로 말해서 '불멸적인 것' 혹은 '영원한 것'이 내포되어 있는 예술을 고전예술이라고 하는 것이다. 키르케고르에게 있어서 '고전예술'이 가지는 의미는 이 후자이다. 그래서 키르케고르는 모든 진정한 예술에는 "특정종류의 영원성"이 내포되어 있다고 하는 것이다. **예술에 있어서 이 불멸성이 가지는 특징은 '이념理念'이다.** 그래서 형식적인 명료성만으로는 고전예술이라고 할 수 없으며, 여기에 이념이 투명하게 나타나야만 한다. 그리고 키르케고르에게 있어서 진정한 고전예술은 바로 이 형식과 이념이 완전히 상호집중되어 있는 것, 즉 일체가 되어 있는 것이어야 한다. 키르케고르가 「에로스적인 것의 직접적인 단계…」에서 가장 힘주어 말하고 있는 것이 바로 이것이며 후반부의 모든 내용들이 이를 말하기 위한 것이며, 다양한 방식으로 특히 돈 후안을 예로 들어 이를 말하고 있다.

키르케고르가 말하고 있는 '고전예술'의 본질인 '형식과 이념'의 통일성을 간단하게 요약하자면 다음과 같이 설명될 수 있을 것이다.* 형식이란 한 예술작품이 가지고 '외관'이라고 할 수가

---

* 이러한 해석은 저자의 주관적인 것이며, 당연히 다르게 해석할 수도 있을 것이다. 그러나 중요한 것은 키르케고르의 사유를 객관적으로 그려 내는 것에 있기보다는 키르케고르가 이를 설명하는 과정에서 야기되고 있는 다양한 진술들을 음미하고 각자가 해석해 본다는 것에 있을 것이다.

있다. 가령 풍경화에서는 풍경화가 보여 주고 있는 풍경 그 자체이다. 반면 교향곡이라면 연주되는 교향곡의 음악 그 자체이다. 그런데 이러한 형식들은 그것이 체험된 심미적인 것이 외관의 형식을 가지고 외면화되었다는 차원에서 이미 어떤 정신적인 것을 함의하고 있다. 왜냐하면 정신적인 것이란, 본질적으로 이해될 수 있는 것, 보편적인 것, 내면에서 외면화된 것, 그리하여 다른 모든 이들과 공유될 수 있는 것의 의미를 담고 있기 때문이다. 따라서 키르케고르에게 있어서 형식이란 기하학적인 모양이나 어떤 예술의 기법 등을 말하는 것이 아니라, '체험된 것이 외관의 방식 아래 구체적으로 표현된 것' 혹은 '바깥으로 드러난 것'이란 의미를 가지고 있다. 따라서 모든 예술작품은 그것이 진정한 작품인 한, 즉 체험된 감성적이고 내적이며 심미적인 어떤 것이 바깥으로 드러난 것인 한 정신화된 것의 의미를 가지고 있으며, 여기에는 최소한의 '이념적인 것'이 존재하게 되는 것이다. 즉 예술작품에 있어서 이념이란 정신의 차원에서 공유될 수 있는 것, 시간과 문화의 다름에 따라서 소멸될 수 없는 불멸의 것이라는 의미를 가진 것이다. 우리는 이를 정상적인 정신을 가진 사람이면 누구나 정도의 차이를 가지고서 감지할 수 있는 '이해할 만한 것'이라고 말할 수 있을 것이다. 하지만 이 이해할 만한 것은 '사전적으로 정의가 가능한 개념적인 이해'를 말하는 것이 아니라, 드러난 형식(외관)을 통해서 전혀 설명을 덧붙이지 않아도 '아!'라고 이해할 수 있는 그 무엇이다. 가령 우리는 어떤 음악의 전주곡을 들으면 '아!'라고 탄성을 지르면서 감탄하게 된다. 하지만 왜 감탄하느냐고 묻는다면 설명이 불가능하다. 만일 설명이 주어진다면 이는 지적인 반성을 통한 이차적인 해명으로서 이미 매우 주관적인 해석을 동반할 수밖에 없는 것이다. 만일 이러한 감탄에 대해서 '인생의 비극'이나 '영웅의 위대함'이나 혹은 '한 예술가의 고뇌'를 묘사하고 있다고 말한다는 것은 마치 '새가 울고 있다'거나 '달이 슬퍼하고 있다'는 것을 말하는 것과 같은 해명이 될 것이다. 따라서 연주되는 교향곡을 들으면서 감동한다는 것은 직접적인 교감이며, 동시적인 것이다. 음악을 들은 후에 그 음악을 회상하면서 감동하는 사람은 없다. 이것이 바로 형식과 이념의 일치를 말하는 것이다. 이는 회화에 있어서도 마찬가지일 것이다. 진정한 회화는 작가가 그 내용을 설명하거나 기법에 대해서 설명하기 이전에 회화의 외관(그림의 내용)이 보여주는 그 자체로 감탄하거나 감동하게 되는 그 무엇을 지니고 있어야 한다. 보는 것은 눈이 하는 일이지만, 그것을 인지하고 감탄하는 것은 지성이 하는 일이다. 여기서도 중요한 것은 역시 형식과 이념(내용)의 일치와 동시성이다. 만일 하나의 회화를 보면서 전혀 심미적인 요소를 발견할 수 없거나 우리의 감성이 아무것도 느낄 수 없다면 그것은 엄밀히 말해 회화라고 할 수가 없는 것이며, 최소한 고전예술이라고 할 수는 없는 것이다. 따라서 **예술작품 속의 이념이라는 것은 어떤 의미에서 '형식 아래 숨어 있는 내용'이라고 할 수가 있다.** 이 내용은 '서사' 즉 '서술할 수 있는 이야기'로서의 내용이 아니라, 정신이 직접적으로 직관하는 그 무엇이며, 우리의 정신이 그 형식성 안에 현존함으로서 이해되는 그러한 내용이다. 그렇기 때문에 예술 속에 있는 정신적인 것이란 본질적으로 감성적인 것 혹은 심미적인 것과 분리될 수 없는 것이다.

키르케고르의 실존주의 예술관에서 중요한 것은 우선적으로 자연과 세계에 대한 감성적이고 심미적인 것에 대한 실존적인 체험이다. 이러한 체험이 예술이라는 구체적인 장르를 통해서 외형화된 것이 곧 예술작품이며, 이 작품에서 중요한 것은 누구나가 직접적으로 교감할 수 있는 혹은 이해할 수 있는 '이념'이다. 천재들의 특성은 바로 체험된 것을 이념으로 환원하는 그 재능에 있으며, 재능이 뛰어나다는 것은 인위적인 기술을 매개로 하지 않고서도 이러한 이념의 창조가 가능한 것을 말하는 것이다. 키르케고르는 5장 「첫사랑」에서 이를 '영감'이라고 말하고 있다. 그래서 예술가란 특별한 선물을 받은 사람들이라고 할 수 있다. 우리는 이를 다음과 같이 요약할 수 있다. 자연과 세계 안에는 심미적인 가치들로 가득 차 있지만, 그것을 통찰할 수 있는 재능을 가진 영혼들에게 있어서만 그 가치가 충분히 드러나고, 또한 그것을 정신적으로 규정할 수 있는, 즉 이념으로 환원할 수 있는 재능을 가진 천재들을 통해서만 예술로서 승화될 수가 있다. 이것이 키르케고르가 말하는 '고전예술'에 대한 사유이다. 고전예술에서 중요한 것은 이념과 형식의 완전한 통일이다. 바로 이러한 통일에서 '보편적인 것,' '불멸하는 것,' '영원한 것'이 현존하게 되며, 이를 감상하고 음미하는 자에게 삶의 의미와 기쁨을 창출하는 것이다.

이러한 이유로 키르케고르는 그리스 예술에 있어서는 아직 예술가들의 천재성이 충분히 드러나지 않았다고 생각하고 있다. 왜냐하면 예술에 있어서 예술가의 천재성은 우선적으로 자연과 세계에 대한 심미적이고 감성적인 체험을 전제하는 것이지만, 그리스의 예술에서는 이성적인 것과 감성적인 것이 조화롭게 섞여 있으며, 감성은 그 자체의 독자적인 행위를 가지기보다는 이성의 조력자 역할을 할 뿐이기 때문이다. 즉 아폴론적인 것(이성)

이 디오니소스적인 것(감성)을 제압하여, 감성적이고 심미적인 것이 그의 진정한 모습과 현존을 발휘하고 있지 못한다는 것이다. 키르케고르는 감성이 진정한 자신의 모습을 되찾은 것은 중세의 그리스도교에 와서야 비로소 가능하게 되었다고 말하고 있는데, 그것은 이성에서 감성을 배제하고자 한 그리스도교의 노력이 오히려 역설적으로 감성이 이성으로부터 떨어져 나와 독자적인 영역을 가질 수 있게 되었다고 보기 때문이다. 이러한 키르케고르의 분석이 미학사적인 관점에서 정당한가 하는 점은 논란의 여지가 있겠지만, 미학이 '감성의 독자적인 영역'이 확보되면서 가능하게 되었다는 사실은 매우 의미심장한 진술임이 틀림이 없는 것이다.

그런데 키르케고르는 예술에 대한 그의 담론에서 가장 모호하고 의미심장한 말을 하고 있는데, 그것은 소원과 예술의 관계에 대한 그의 진술이다. 그는 "소원이 곧 예술이 아니지만, 올바른 소원은 곧 위대한 예술이고, 그것은 하늘이 내리신 재능이다(이것이냐, 78)"라고 진술하고 있다. 어떻게 올바른 소원이 예술이라는 것인가? 그리고 올바른 소원이란 일반적인 소원과 무엇이 다른가? '소원'이란 애타게 갈망하고 있는 무엇이다. 그리고 이는 아직 존재하지 않는 것, 혹은 아직 실현되지 않는 것에 대한 것이다. 왜냐하면 이미 주어진 것에 대해서는 누구도 이를 소원하지는 않을 것이기 때문이다. 사람들은 다양한 소원을 가지고 살아간다. 그런데 실존주의자의 입장에서 진정한 소원 혹은 올바른 소원은 무엇이 되어야 할까? 그것은 자아실현이다. 왜냐하면 나에게 실존적인 문제란 곧 나 자신의 문제가 해결되는 것이기 때문이다. 나에게 가장 의미 있는 그 무엇, 나의 삶에서 진정한 가치와 행복한 감정으로 가득 채울 수 있는 그 무엇은 나에게 진실한 것, 참된 것, 내적인 것 등이다. 그런데 이러한 **나의 내면성을 추구한다는 것은 곧 '나의 자아'를 추구하는 과정이다.** 즉 자기 자신이 된다는 것의 문제이다. 어떤 의미에서 인생에 있어서 진정한 창조적 행위란 곧 자기 자신이 된다는 것에 있다. 이것만이 유일하게 전혀 존재하지 않았던 것을 존재하게 하는 일이기 때문이다. 실존적이 된다는 것은 곧 자신의 올바른 욕망의 대상을 발견한다는 것이며, 이를 통해서 분명한 실존을 가지게 되고, 이러한 실존이 또다시 보다 상승되고 적합한 실존적인 도약을 감행하고, 결국에는 불멸하는 것, 영원한 것에 대한 실존적인 관계를 가지게 되는 것이다.

만일 이러한 자아가 예술작품을 통해서 현존하게 된다면, 이미 영원성의 문턱에 와 있다고 할 수 있다. 왜냐하면 시대를 막론하고 그의 작품을 감상하는 이들은 누구나가 정신으로 규정된 그의 자아를 작품에서 파악하고 교감을 가질 수가 있을 것이기 때문이다. 바로 이 교감에서 관객은 행복감을 느끼고 어떤 구원에 대한 느낌을 선취하는 것이다. 그래서 키르케고르는 "불멸하는 것, 즉 영원한 것이 단 한 번만 제시되는 것이 아니라, 항상 되풀이하여 제시되어야 한다"고 말하고 있다. 사실 인간이 정신적인 존재라는 그 말에는 이미 인간에게는 영원성이 존재하고 있다는 것과 같다. '정신적인 어떤 것'이란 시간과 공간을 초월하여 항상 불변하는 그 무엇을 내포하고 있기 때문이다. 그렇기 때문에 어떤 관점에서 '신의 이미지를 가진 인간'이라는 말은 '정신적으로 규정된 인간'이라는 말과 거의 유사한 표현이다. 사실 정신을 의미하는 불어의 'esprit'가 대문자로 시작하는 'Esprit'가 되면 이는 신의 정신을 의미한다. 그래서 진정한 예술행위는 어떤 관점에서 이미 종교에서의 '예배 행위'나 '성사 행위'와 유사한 것이다. 인간은 성사를 통하여 신성한 것과의 교감 속에 들어갈 수 있는 것과 마찬가지로 예술을 통해서 역시 신성한 것과의 교감에 이를 수가 있는 것이다.

하지만 여기서 역시 우리는 '정신으로 규정된 것'을 헤겔의 정신현상학에서 말하는 '정신으로 현존하는 것' 혹은 '개념으로 환원된 것'과 혼동해서는 안 될 것이다. 키르케고르의 관점에서 헤겔의 유일한 결함은 '실존한다는 것의 진실'을 망각한 것에 있다. 그는 「관점」에서 "정신이 참을 수 없는 것은 남들과 같은 존재라는 점이다. 실은 이것이 바로 정신의 소극적인 규정이다"라고 말하고 있는데, 이는 정신적으로 된다는 것이 일반화되거나 보편화되면서 개별성이 소멸되는 것이 아니라, 오히려 정신적으로 되면서 인간은 보다 보편적이 되는 것과 동시에 보다 개별적인 것이 됨을 의미한다. 보다 개별적으로 된다는 것은 곧 실존적인 상태를 의미하고 있다. **정신적인 존재로서 실존한다는 것은 곧 정신의 고유한 본질, 즉 영원한 것과의 실존적인 관계성 안에 있다는 것이다.** 사실 키르케고르가 모차르트의 「돈 조반니」를 그토록 찬미한 이유도 단 한 가지 이유에서였다. 그것은 "「돈 조반니」를 통하여 그는 시간의 바깥에 있지 않고 시간 안에 있는 영원 속으로 들어간다(이것이냐1, 78)"는 것 때문이었다.

정신이 그 자신의 최종적인 고유한 대상을 발견한다는 것은 '정신으로서의 자기 자신'을 발견하는 것이 아니라, 곧 영원한 존재로서의 절대자를 발견하는 일이다. 인간이 완전하게 정신적으로 규정되는 사건은 곧 절대자와 대면한다는 그 사태에 있는 것이다. 이것이 정신으로 존재하는 인간성의 진실이며, 신성과의 관계성 속에서 존재하는 인간적인 것의 의미이다. 그래서 진정한 예술은 곧 예술가의 자아가 그의 작품이라는 외형(형식)을 빌려 그의 자아(내용, 이념)가 구체적으로 현존하게 되는 것을 말한다. 실현된 자아 혹은 실현되는 자아가 '외관화'되는 그 형식이 음이 될 때 음악이 되고, 그림이 될 때 회화가 되며, 이야기가 될 때 소설이 되는 것이다. 그렇기 때문에 한 사람의 실존주의자에게서 진정한 예술, 위대한 예술이란 곧 그의 작품을 통해서 그가 정신적으로 규정되며, 그의 작품에 그가 정신성으로서 현존하고 있는 것이며, 또한 시간 속에 현존하는 영원성을 증언하는 표징이 되는 것이다. 예술작품이란 가장 개별적이면서 동시에 가장 보편적인 것이다. 그에게 있어서 **위대한 예술가란 그의 작품이 곧**

행위의 질서	실존의 질서
욕망이 잠들어 있는 상태	실존적이지 않는 양태
욕망은 자각되나 그 대상은 가지지 못한 상태	실존적인 문제제기가 발생하는 양태
욕망이 대상을 발견하고 향유하는 상태	심미적 실존의 양태
대상을 정신적으로 규정하나 불안한 상태	예술행위가 발생하는 양태
대상에서 특정종류의 영원성을 가지게 되는 상태	예술작품을 통한 휴식의 양태

키르케고르의 행위의 질서와 실존의 질서 사이의 관계

그의 현존이며, 그의 작품을 통하여 영원성을 현존하게 하는 것이며, 또한 그의 작품을 통해서 신이 사람들에게 말씀하도록 하는 바로 그러한 사람이다. 우리는 이러한 실존주의(유신론적 실존주의)의 예술관에서 이미 '신학적 예술관'의 한 전조를 발견할 수 있다. 무릇 성 미술, 성 음악이라는 것은 바로 이러한 것이어야 하기 때문이다.

4장
인생의 비극적 측면과 불행과 행복의 역설

1. 비극이 갖는 역설적인 의미

이 책의 3장에 해당하는 「현대의 비극적인 것에 반영된 고대의 비극적인 것」은 전체적으로 그리스의 문학과 아리스토텔레스의 비극론에 나타나는 '그리스적 비극'과 키르케고르 자신이 생각하고 있는 '현대적 비극'의 차이를 논하고 있다. 그리고 4장인 「그림자 그림」에서는 근대의 비극적인 3명의 여성들을 상징적으로 등장시키고, '비극적인 사랑'이 갖는 의미를 밝히고자 하며, 이를 통해서 심미적 실존의 특징을 조명해 주고 있다. 하지만 비록 하나의 연극이 뚜렷한 주제를 가지고 있다고 할지라도 그것이 인생을 조명하는 연극인 한 여기에는 많은 주제들이 집약적으로 내포되어 있듯이, 심미적 삶의 비극적 측면에 관해 논하고 있는 이 두개의 장에서도 다양한 주제들이 암시적으로 녹아 있다. 즉 독자들이 어떠한 시각으로 이를 읽고 있는가에 따라서 다양한 다른 의미들이 부각될 수도 있다. 그 의미들은 '생에 대한 역설,' '현대성의 의미,' '진정한 예술이 지향하는 것,' '종교적인 삶의 심미적인 특성' 등 다양한 의미들을 생각해 볼 수 있다. 마찬가지로 전체적으로 '비극'이라는 매우 무겁고 어두운 인생의 부정적인 측면을 다루고 있지만 또한 역설적으로 심미적인 실존의 한계를 충분히 체험한 사람만이 '도약'을 감행할 수 있다는 차원에서 '희망'을 말해 주고 있다고 볼 수도 있다. **즉 생의 비극적인 차원을 충분히 체감하고 있는 사람만이 진정한 행복에 대한 갈망이 주어질 수 있다는 의미이다.** 다시 말해서 심미적인 삶의 비극적인 측면을 두려워하지 않고 최후까지 껴안은 사람만이 인생이 비극이라는 것을 절감할 수 있고, 이러한 생에 대한 환멸이나 절망이 그로 하여금 진정으로 행복한 도약을 꿈꿀 수 있다고 말하고 있는 것이다. 따라서 우리는 인생이 비극처럼 나타나는 것을 두려워할 필요가 없고, 이를 회피할 필요도 없으며, 나아가 생의 비극적인 측면을 이야기하는 작품들이 사실은 자비와 축복을 가져다주고 있다고 역설적으로 바라볼 필요가 있는 것이다.

어느 시대, 어느 장소를 막론하고 인간의 삶에 대해서 오로지 찬미하거나 긍정하기만 하는 철학자나 작품들이 있을 수 없다는 것은 누구나가 인정할 수 있는 일이다. 오히려 수많은 사상들과 작품들이 인생의 비극을 말해 주고 있다. 특히 그리스인들의 인생관은 전체적으로 운명의 수레바퀴 속에서 어찌할 수 없는 인생의 비극을 말해 주고 있다. 하지만 그리스의 문학작품들에 나타나는 영웅들이란 고작해야 이러한 비극적인 운명 앞에서 최후까지 저항하고 있다는 불굴의 의지를 보여 줄 뿐, 자신의 새로운 운명을 창조하는 데는 실패하고 만다. 마찬가지로 중세의 그리스도교 역시도 인간적인 관점에서 고찰하자면 인생의 비극적 상황을 적나라하게 보여 주고 있다. 사람들은 애써 그리스도의 부활을 말하고 영광을 찬미하고 있지만, 그러나 그러한 부활과 영광은 순수하게 인간적인 지평을 넘어서는 것이며, 인생이라는 측면에서 한 개인으로서의 그리스도의 삶은 곧 비극으로 나타난다. 아니, 그 어떤 작품의 비극적 주인공보다도 더 비극적이다. 그런데 왜 사람들은 이러한 비극적인 측면을 얘기하는 것을 꺼리는 것인가? 그것은 심미적인 실존에 있어서 충분히 실존적이지 못하기 때문이다. 비극을 비극으로서 바라볼 수 있다는 것, 이를 정면으로 응시할 수 있다는 것은 사실 그의 영혼이 이미 이러한 비극을 초극하고 있다는 한에서 가능한 것이다. 무서운 병에 걸린 사람은 자신의 병을 정면으로 바라볼 용기가 없다. 그가 그 병을 다시 바라볼 수 있는 것은 그 병을 (정신적으로라도) 극복한 이후에나 가능하다. 마찬가지로 인생의 비극적인 측면을 극복한 사람만이 두려움 없이 비극을 정면으로 응시할 수 있고, 비극이 가진 진정한 의미를 조명할 수가 있다. 키르케고르가 비극을 다루면서 궁극적으로 말하고자 하는 것이 바로 이것이다.

키르케고르는 "개인은 비극적인 것을 갖기 전까지는 절대 행복할 수 없다"라고 역설적으로 말하고 있다. 그리고 그는 또한 "비극적인 것은 그것 안에 인자함을 갖고 있다"라고 말하는가 하면, "근심을 달래 주는 어머니의 사랑"이라고 말하고, "미학적인 의미에서 신적인 사랑과 자비에 해당하는 것"이라고 말하기도 한다. 이러한 역설적인 표현들은 모두 '비극'이라는 인생의 한 요소가 실존적으로 살아가는 사람에게는 '인생의 필요불가결한 요소'임을 말해 주고 있는 것이다. 비극에 대한 그의 고찰은 다른 모든 것에 있어서와 마찬가지로 역설적이고 실존적이다. **비극을 비극으로서 바라볼 때, 거기에는 세상과 자신에 대한 절망이 있고, 바**

로 이러한 절망을 통해서 보다 차원 높은 실존의 단계로 도약할 수가 있는 것이다. 따라서 세상의 비극을 혹은 심미적 삶의 비극을 진정으로 이해하는 그 지점에서 한 개인은 진정으로 윤리적인 실존으로 그리고 종교적인 실존으로 도약을 이루어 내는 것이다. 비극적 작품을 진지하게 읽는다는 것, 그것은 생에 대한 치유, 심미적 실존으로부터의 치유를 의미하는 것이다.

2. 그리스적 비극과 현대적 비극

「현대의 비극적인 것에 반영된…」을 읽으면서 우리가 먼저 주목해 볼 수 있는 것은 키르케고르가 고대의 비극과 현대의 비극을 비교하고자 하는 그의 의도이다. 그 의도는 고대의 비극과 현대의 비극 사이에는 어떤 지속성이 존재하고 있다는 사실을 밝히고자 하는 것이다. 즉 두 비극 사이에는 본질적인 차이가 존재하지만 그럼에도 또한 비극이라는 차원에서 어떤 공통점이 있다는 사실을 말하고자 하는 것이다. 다시 말해서 인간을 혹은 인생을 보는 관점이라는 차원에서 비극은 고대와 현대에서 공히 인생의 본질적인 한 요소이라는 것이며, 또한 이 비극이 나타나는 유형 혹은 양태에 있어서는 고대와 현대가 현격하게 차이를 보이고 있다는 것을 말하고자 하는 것이다. 그리고 그는 고대의 작품들에는 비극적 요소가 가지는 그 본질적인 의미가 제대로 구현되지 않았다고 보고 있으며, 현대의 연극들에서 오히려 진정으로 빛을 발하고 있다고 보고 있다. 따라서 우리는 이러한 키르케고르의 분석을 통해서 고대와 비교되는 '현대성'의 한 특징 혹은 현대인의 인생관의 한 특징을 읽을 수가 있을 것이다.

키르케고르가 그리스의 비극론의 모델로 취하고 있는 것은 아리스토텔레스의 비극론이다. 아리스토텔레스의 비극론에서 비극이 유발하게 되는 동기는 '인생 그 자체'에 있다. 다시 말해서 한 작품에서 비극이 유발하는 모티브는 '이야기의 줄거리' 그 자체에 있는 것이다. 고대의 작품들 속에 등장하는 주인공은 한 사람의 개별자가 아니라, 한 민족의, 한 가문의 그리고 한 가족의 일원으로서 등장하고 있다. 그는 자의식과 반성을 거친 주체성을 가지고 있지 않으며 자신의 행위에 대한 충분한 개별적인 반성이 결여되어 있다. 국가, 혈족 그리고 운명 등의 현실적인 범주들이 주인공의 행위를 결정하는 동기가 되고 그는 이러한 현실적인 범주와 독립하여 행동하지 못한다. 그렇기 때문에 주인공의 몰락은 자신의 행위의 결과라기보다는 상황과 환경 속에 녹아 있는 자아에서 비롯되고, 그의 고뇌는 '고통받음'이라는 형식을 취하고 있다. 따라서 고대의 작품에서 비극의 요소는 '주인공의 성격이나 개성'에 있는 것이 아니라, 주인공을 둘러싸고 있는 '현실적인 범주들'에 있다. 그렇기 때문에 고대의 연극에서는 주인공의 대화만을 통해서는 충분히 비극적인 요소가 살아나지 못하고 독백이나 합창이라는 '서사적인 요소'를 삽입하여 보충하고 있는 것이다.

반면 현대의 비극에서는 비극의 결정적인 요소가 주인공이 속한 상황이나 현실적인 범주에 있는 것이 아니라, 주인공이 가진 그의 성격이나 개성에 있다. 그는 충분히 반성적이며, 주체로서의 자의식을 가지고 있으며, 그의 반성은 국가나 민족 혹은 가족으로부터 독립하여 자신만의 행위를 감행하는 자율적인 인간이다. 그렇기 때문에 주인공이 겪게 되는 비극적 삶의 계기는 바로 주인공 자신의 행위이다. 이러한 이유로 현대의 작품들 속에서 비극적인 요소는 주인공의 몸짓과 대화를 통해서 충분히 드러나고 있으며, 어떤 서사적인 요소나 서정적인 배경도 필요치 않는 것이다.

그렇다면 고대의 비극과 현대의 비극 사이에서 비극이라는 요소를 유발하는 공통되는 요소는 무엇일까? 그것은 곧 비극적 사태의 핵심을 이루고 있는 '죄과'이다. 아리스토텔레스의 비극론에서 비극적 작품의 주인공은 어떤 '죄과'를 가지고 있어야만 한다. 그리고 이 '죄과'는 완전히 외부에서 온 것도 아니고, 완전히 자신의 행위에서 온 것도 아니다. 비극의 원인이 되는 이 '죄과'는 이 둘 사이에 존재하며, 그래서 극적인 긴장감을 유발하는 것이다. 예를 들어 「심청전」에서 용궁이 존재하지 않았다고 한다면, 심청은 아버지 눈을 뜨게 하려고 '죽임을 당하게 되는' 전형적인 비극적 이야기로 끝날 것이다. 여기서 심청이의 '죄과'는 장님인 아버지를 둔 죄이다. 고대사회에서 자식은 어떤 식으로든지 부모의 죄과와 연계되어 있고, 부모가 노예라면 자식도 노예라는 굴레를 벗어날 수가 없다. 마찬가지로 심청에게 아버지가 장님이라는 사실은 자신이 함께 짊어져야 할 일이고, 그것도 평생을 짊어지고 가야 할 업보이다. 하지만 여기서도 아버지가 장님이라고 해서 반드시 자신의 목숨을 희생하여야 한다는 사태는 주어지지 않는다. 비록 심청이가 아버지의 운명을 함께 짊어지고 가야 하지만 자신의 목숨을 바치는 일은 어디까지나 자신의 선택에 달린 일이다. 하지만 '효'가 모든 이에게 요구되고 모든 이가 추앙하는 윤리적인 덕목인 사회에서 이러한 기회가 주어졌을 때, 자식은 이를 감행하여야 할지, 하지 말아야 할지를 고민하게 된다. 결국 심청이 자신의 목숨을 바치기로 결정하게 되겠지만 그러나 이러한 결정은 자의반 타의반이다. 만일 목숨을 바친 것이 과오라고 한다면, 이러한 심청의 과오는 외부에서 온 것도 아니고 그렇다고 완전히 자신의 결정에 의한 것도 아니다. 여기서 어떤 극적인 긴장감이 유발되는 것이다. 죄과가 완전히 외부에서 온 것이거나 반대로 완전히 주인공의 행위에 달린 것이라면 이 경우 비극적인 관심은 반감된다.

반면 현대사회에서, 사람들은 한 개인의 인생은 전적으로 그 자신에게 달려 있다고 생각한다. 현대사회에서 각 개인은 자기 인생의 창조자이며, 자기 운명의 창조자이다. 그래서 현대를 사는 이들은 각자 자신이 이러한 사회 속에서 자신만의 왕국을 가지고 자신만의 영광을 누리고 있다고 생각한다. 그렇기 때문에 비극적 주인공의 죄과 역시 전적으로 자신의 행위의 결과라 생각한다. 하지만 실제 현실의 상황은 이와 정반대이다. 키르케고르는 이러한 생각을 가지고 있는 현대인들이 당면하는 비극은 역설적이게도 이러한 생각과 용기가 세상과 마주하자마자 완전히 상실하는 것에 있다고 보고 있다. 즉 세상의 구조적인 모순에 직면한 개인은 절망에 빠질 수밖에 없으며, 이러한 절망이 비극을 낳는 것이다. 이러한 구조적인 모습의 한 예로 키르케고르는 '책임성의 부재'를 들고 있는데, 프랑스의 한 정치가의 일화를 통해 설명하고 있다. 정치가가 왕으로부터 장관직을 제안받았을 때, 왕의 잘못을 장관이 져야 하기 때문에 차관이 책임진다는 조건이라야만 수락하겠다고 선언하였다. 이렇게 된다면 끝내는 돌고 돌아서 말단인 문지기나 순경이 책임져야 한다는 것이다. 이렇게 하여 현대사회에서는 고대시대에 한 국가나 사회를 유지해 주었던 끈끈한 유대나 관계성이 깨어지고 개인들은 파편화되는 것이다. 그럼에도 고립된 개인들에게 국가의 수호자나 구원자가 되어야 한다는 보편적인 이념을 주입하는 것 자체가 하나의 희극이라고 설명하고 있다. 그래서 키르케고르는 고대사회와 현대사회를 비교하면서 그 차이점을 "우리 시대는 한층 더 우울하고, 따라서 한층 더 깊이 절망하고 있다는 바로 그 점"이라고 말하고 있다. 이러한 상황의 극단적인 예를 키르케고르는 그리스도 사건이라고 한다. 왜냐하면 그리스도는 전혀 죄가 없음에도 온 세상의 죄를 뒤집어썼기 때문이다. 감성이 그리스도교에 의해 독자적으로 규정된 것과 마찬가지로 여기서도 키르케고르는 현대성이 그리스도교에 의해서 촉발되고 있다고 보는 것이다.

결국 현대사회에 있어서도 비극적인 요소는 한 개인의 주체적인 행위에 달린 것이 아니라, 그의 사회적 배경이나 구조에 의해 유발하고 있다. 하지만 현대에 있어서 비극의 계기가 되는 '죄과'는 고대사회의 그것과는 완전히 다른 것이다. 이 죄과는 아버지의 것도, 자신의 것도, 나아가 그 민족이나 그 사회의 것도 아니다. 이 죄과는 인간의 보편적인 죄성罪性에서 유발된다. 만일 '죄과'가 민족이나 가족 등 외부에서 주어진 것이라면 이는 '미학적인 것'이다. 만일 이러한 죄과가 오직 자신의 행위에 달린 것이라면 이는 '윤리적인 것'이다. 이 경우 '죄과'는 미학적인 슬픔이 아니라 '악'으로 나타난다. 현대사회에서 사람들이 일체의 것을 개인에게 책임 지우려고 하는 것은 한 개인의 죄과를 그의 '악한 속성'에게 돌리려고 하는 것이다. 그래서 현대인의 삶은 고대의 삶보다 한층 윤리적인 것으로 나타나고 있다. 하지만 바로 여기에 현대인의 비극이 있다. 현대인에게 있어서 이러한 죄과는 혈족이나 민족적인 것도 아니며, 또한 개인적인 것도 아니다. 이는 인간성 그 자체에서 기인하는 '보편적인 것'이다. 바로 여기에 '종교적인 것'이 있다. 그리스 사회에서의 우수와 비애는 그 민족으로부터 기인한 것이라면, 현대에 있어서 우수와 비애는 종교적인 것에서 비롯한다. 만일 현대의 문학작품들에서 주인공이 지닌 죄과가 오직 주인공 자신에게 달린 것이라면, 여기에는 합창이나 독백도 필요치 않으며, '운명'이라는 말도 존재할 여지가 없게 된다. 이렇게 된다면 비극이 발생하게 될 계기도 없어진다. 비극은 고대에서나 현대에서나 '나의 절대적인 자유'를 불가능하게 하는 어떤 피할 수 없는 운명적 사건에서 발생하기 때문이다. "비극적인 죄과는 단순한 주관적인 죄과 이상의 것이다. 그것은 물려받은 죄과이지만, 물려받은 죄과는 물려받은 죄와 마찬가지로 실체적인 범주이고, 이 실체성이야말로 비애를 보다 깊게 만든다." 즉 현대의 비극성은 '죄가 없음에도 실체적으로 죄를 가지게 된다는 것'에서 기인된다. 한마디로 말해서 **그리스적 비극의 계기와 원인이 죄의 상황 중에 존재하는 것에서 비롯된다면, 현대인의 비극성은 내가 '실체적으로 죄 중에 있다는 것'에 있다.**

비극은 관객들의 동정을 자아낸다. 이러한 동정은 나와 동일한 운명에 있다는 공감에서 비롯한 것이다. 만일 비극의 원인이 절대적으로 외부에 있고 주인공의 주체적인 반성이나 개별적인 행위와 무관하다면 동정심은 반감된다. 왜냐하면 이러한 비극은 심미적인 특성에 지나지 않기 때문이다. 반면 비극의 원인이 절대적으로 개인의 개별적인 반성이나 행위에서 비롯된다면 이 경우 동정심은 유발되지 않는다. 왜냐하면 비극으로 인한 주인공의 고통은 윤리적인 행위의 결과로서 정당한 고통이기 때문이다. 반면 비극의 원인으로서의 죄과가 애초에 실체적인 것이라고 한다면, 즉 모든 인간이 공통적으로 짊어지고 있는 인간성의 운명 혹은 삶의 멍에라고 한다면, 여기에는 동정심이 한층 배가 된다. 그래서 **현대인의 비극적 특징은 인간조건에 대한 깊은 내적인 반성 그 자체에 있다.**

3. 비극적인 인물들과 「가장 불행한 사람」

이러한 비극에 대한 분석은 키르케고르로 하여금 다양한 상징적인 인물들을 통해서 그들의 비극과 불행이 어디에서 기인하는지를 설명해 주고 있다. 그 첫 번째 인물은 그리스 비극의 상징적인 인물인 '안티고네'이다. 키르케고르는 그리스의 안티고네와 자신이 창조한 현대적인 인물의 '안티고네'를 비교하면서 현대적 비극성의 특성을 설명하고 있다. 그리고 연속하여 '마리 보마르쉐,' '돈나 엘비라,' '그레첸'이라는 세 명의 비운의 여성들을 소개하고 마지막으로 '세상에서 가장 불행한 사람'이라는 묘비명을 가진 익명의 주인공을 소개하고 있다. 이 마지막의 익명의 주인공은 사실상 '그리스도 예수'를, 혹은 '그리스도인'으로서의 '우리 자신'의 모습임을 암시적으로 보여 주고 있다. 즉 인생을 비극이라는 차원에서 바라볼 때, 누구나 피할 수 없는 진실인

'내가 바로 저 가장 불행한 그 사람일 수도 있다'는 사실이다. 물론 우리는 이러한 키르케고르의 사유를 통해 그를 '인생에 대한 회의론자' 혹은 '염세주의자'처럼 고려해서는 안 될 것이다. 왜냐하면 그는 이러한 논의를 통해서 '인생이란 비극이다,' '당신이 바로 이 비극의 주인공이다'라고 주장하려는 것이 아니라, 이러한 인생의 비극적 측면을 외면하지 말고 정면으로 마주하고 이를 초극하여야 한다고 말하고 있기 때문이다. 즉 비애를 대충 고찰하거나 적당하게만 바라보면 비애란 불안하고 불행한 것이지만, **비애의 진정한 국면, 그 가장 깊은 심연까지 들여다보게 된다면 바로 여기에 인생에서 비교할 수 없는 어떤 '거룩함'이 존재하고 있음을 알게 된다는 것이다.** 이러한 곳에 도달한 자는 이미 비극을 초월하고 있으며, 이미 비극을 치유하고 있는 자라고 말하는 것이다.

오이디푸스는 자신의 아버지를 살해하고 자신의 어머니와 결혼한 그리스 신화에 나오는 비극적인 인물이다. 오이디푸스가 자신의 어머니와 결혼하여 낳은 딸이 '안티고네'이다. 이러한 비밀은 그리스의 작품 속에서는 이야기의 결말에 가서야 폭로되고 모든 이들에게 숨겨져 있다. 하지만 키르케고르가 창작한 현대적 안티고네에게는 처음부터 이러한 비밀이 알려져 있다. 그런데 이러한 불행한 이야기를 알고 있는 사람은 오직 '안티고네'

자신뿐이며, 이는 안티고네의 비극의 계기가 된다. 자신만이 알고 있는 무서운 비밀은 그로 하여금 '불안'을 유발하게 한다. 바로 이러한 불안이 안티고네로 하여금 '비극적인 사랑'을 가지게 한다. 그리스의 비극이 아버지의 불행한 운명에 메아리치고 있는 안티고네의 불행한 운명이라고 한다면, 현대적 비극은 오직 안티고네의 내면에서만 소용돌이치고 있다. **그녀만이 간직한 이 비밀이 불안을 유발하지만 주의 깊게 살아가게 하고, 은밀한 자신만의 세계를 형성하게 한다. 어떤 의미에서 이는 하나의 보물이다.** 한 개인이 전체 혹은 집단이라는 구조 속에서 빠져나와 비로소 자신의 세계를 가지게 되는 계기가 되기 때문이다. 안티고네의 진정한 삶은 눈에 보이지 않는 것이며, 그녀의 불행이나 비극도 이 눈에 보이지 않는 세계에서 그 무게를 가지고 있다. 이러한 그녀만의 비밀스러운 세계는 그녀의 전 생애를 타인과는 다른 운명을 산출하고 그녀는 허다한 선남선녀들이 행복하다고 하는 일체의 삶에서 물러나야만 한다. 만일 그녀가 자신을 사랑하는 애정의 대상을 발견하였다고 해도, 이러한 애정은 '그녀의 비밀스러운 고통'을 지참금으로 가지고 시작해야만 하는 두려운 것이다. 그녀는 자신의 애인을 그녀의 비밀스러운 고통 속으로, 그 내밀한 죄과 속으로 끌어들이는 것을 두려워하게 될 것이다. 그녀의 사랑이 크면 클수록 고통도 커진다. 이러한 것이 그녀의 삶을 비극적으로 만드는 것이다. 우리는 여기서 「유혹자의 일기」를 통해 키르케고르가 왜 자신이 '레기네 올센'과 결별하게 되었는지를 해명하려고 하는 그 실마리를 미리 엿볼 수 있다. 이런 측면에서 그리스적 비극이 외형적인 것이라면, 현대적 비극은 내면적인 것이다. 여기서 키르케고르는 현대적이라는 삶에 하나의 '위대성'을 부여한다. 그는 "비밀을 간직하고 있는 것처럼 인간을 고귀하게 만드는 것은 없다"라고 말하고 있는데, 그 이유는 자신만이 간직한 이 중대한 비밀이 그의 인생 전체에 하나의 중대한 의무를 부여하고 있기 때문이다. 죄 없는 그리스도가 모든 인간의 죄를 뒤집어쓰고 가장 끔찍한 형벌을 당해야 한다는 이 사실은 최소한 당시로서는 세상의 그 어떤 인간도 이해할 수가 없었으며 오직 그리스도의 깊은 마음속에 비밀스럽게 숨겨져 있었던 것이었다. 오직 자신만이 알 수 있고, 자신만이 이해할 수 있는 그 비밀을 자신의 내면에 간직한 채 묵묵히 앞으로 나아간다는 것, 여기에 그 어떤 것과도 비교할 수 없는 위대한 인간성의 진리가 있다. 이는 인간적이라는 상대적 지평을 넘어서는 일종의 '초-인간적인 것'을 의미하기 때문이다. 어떤 의미에서 안티고네의 비밀스런 의무는 가장 고통스러운 것이라고 해도 스스로 이 고통을 받아들이고 여기에 만족하는 의인의 모습을 닮아 있다.

이러한 위대성이 비극이라는 사실에서 현대적 비극은 우리들의 무한한 동정을 유발한다. 키르케고르는 현대적 비극 안에는 각 개인이 이를 통해서 자신의 고통을 헤쳐 갈 수 있는 변증법을 발견한다고 말하고 있다. 즉 현대적 비극은 다만 공감을 통해 고통을 완화시켜 주는 것이 아니라, 자신의 삶을 살아갈 수 있는 힘을 제공하고 있다고 말하는 것이다. 안티고네는 그녀의 비밀을 간직하고 있는 한, 살아갈 수 있다. 이는 인생에 있어서 윤리적인 것이 하나의 삶의 동기가 되고 있음을 말하는 것이다. 물론 이러한 윤리적인 것은 영원한 삶을 보장하지는 않는다. 어떤 의미에서 구원은 윤리적인 것으로는 도달하지 못하는 것이기 때문이다. 종교적인 실존에 이르지 못한 윤리적인 사람에게 비밀의 완전한 제거는 곧 '죽음'을 의미하기 때문이다.

「그림자 그림」에서는 이러한 현대적 비극에 대한 고찰이 한층 더 깊어지고 강도는 강해진다. 여기에서 이야기는 "죽음만이 최대의 행복"이라고 생각하는 가장 불행한 사람들이 모여 협회를 설립하였다는 사실에서 출발한다. 바로 이 협회의 창립을 축하는 연설문이 이 글의 내용이다. 세상에 이러한 모임이나 협회가 있을 수 없다는 사실에서 이 협회는 하나의 풍자이다. 즉 이 글은 세상에서 스스로 불행하다고 생각하는 사람, 비극적인 인생을 살고 있다고 생각하는 모든 이들을 위한 것이라 해석할 수 있다. 이 협회에 참여한 사람들은 낮이 짧아지지 않으면 어떻게 하루를 견딜 수 있을까를 생각하는 사람들이며, 밤이 오는 것을 유일한 위안으로 살아가는 사람들이다. 이들은 인간의 삶의 비참함과 존재의 부실성不實性을 너무나 잘 알고 있는 사람들이다. 이들은 모두 '비애' 즉 '슬픈 사랑'을 지닌 사람들이다. 왜냐하면 이들 모두는 인생을 사랑하고자 진정으로 애쓴 사람들이지만, 결국 인생이란 허무한 것이라는 것을 뼈저리게 체험한 사람들이기 때문이다. 이들이 자신들의 비애를 하나의 인간적인 삶과 존재의 진리라는 측면에서 고찰하고 있으므로, 키르케고르는 이를 "반성적인 비애"라고 부르고 있다. 키르케고르가 이 글에서 말하고자 하는 것은 이러한 '반성적인 비애'를 인간의 실존적인 한 국면으로 이해하고 있지만 그럼에도 이것이 진정한 비애는 아닌 것이며, 이를 통해 진정한 비애가 가진 특성을 부각시키려는 의도를 가지고 있다고 볼 수 있다.

가장 큰 불행은 말로 표현할 수 없는 불행이듯 가장 큰 비애는 객관화할 수 없는 것이다. 그렇기 때문에 본질적으로 "비애는 미술적인 표현을 거부한다." 이 비애는 본질적으로 '운동 중에 있는 것' 이며, 요동치는 것으로서 항상 변화하고 있는 것이다. 이런 의미에서 '비애'는 음악이나 시의 대상이지 미술의 대상은 아니다. 그런데 반성적인 비애는 마치 불치병을 앓고 있는 사람이 모든 노력들이 헛수고라는 사실을 알고 있지만 그래도 살고자 발버둥치듯이 그렇게 자신의 대상과 표현을 찾고자 애를 쓰고 있다. 이러한 노력은 내면에서 외면으로 향하는 운동을 일으킨다. 즉 자신의 비밀을 객관화하고 표현할 대상을 찾는 것이다. 하지만 이 반성적인 비애는 그의 대상과 마주치자마자 흔적만을 남기고는 재빨리 자신의 내면으로 뒷걸음친다. 왜냐하면 반성적인 비애 혹은 객관화된 비애는 진정한 비애의 모습이 아니기 때문이다. 그렇게 조금씩 자신의 내면으로 물러나다 보면 결국 더 이상 물러날 수 없는 어떤 내밀한 구석을 발견하게 된다. 이렇게 마련된 자신의 은신처 속에서 반성적 비애는 마치 죄수처럼 자신의 길을 단조롭게 걸으면서 인생을 허비하게 된다.

반성적인 비애가 비애의 직접적인 표현이 아닌 반성된 것이라는 측면에서 이는 실재 안에서는 하나의 속임수의 결과일 수 있다. 즉 비애가 인생의 피할 수 없는 한 운명이라고 하더라도 진정한 비애는 반성적인 것이 아니다. 진정한 비애는 내적인 인상의 직접적인 표현이며, 이는 세상에서 물러난 망명자가 머물고 있는 바로 그 영혼의 얼굴이다. 그렇기 때문에 진정한 비애, 직접적인 비애는 '거룩한 것'이며, 비밀스러운 것으로 그리고 징표로서만 나타날 수 있는 것이다. 이러한 비애를 직접 발견하고 이를 맛보고 있는 이들은 극히 드물다. 키르케고르는 이러한 진정한 비애를 "수백 년 동안 단단한 바위 속에서 발견되지 않고 생명을 유지해 온 비밀스런 동물"에 비유하고 있다. 이러한 숨겨진 비애를 진정으로 발견한 사람이란 곧 인간성의 가장 깊은 지반, 인생의 가장 깊은 비밀을 알고 있는 사람이다. 그렇기 때문에 "가장 불행한 사람들의 협회"란 역설적으로 가장 고귀한 사람들일 수 있으며, 이들은 이러한 가장 깊이 숨겨져 있는 인간성의 보물을 발견하고자 하는 사람들이며, 이들이 함께할 수 있는 유일한 연대감이란 "비애의 비밀에 대한 공감적인 관심"이다. 일반인들이 이러한 비애와 무관하게 겉으로 행복한 것처럼, 근원적인 인간성의 차원에서는 거의 잠들어 살고 있는 데 비해 협회의 사람들은 최소한 이러한 거짓 행복과 잠에서 깨어난 사람들이다. 하지만 이들 역시도 여전히 진정한 비애를 발견하지는 못하고 있으며, 그것을 발견하고자 애쓰고 있는 사람들이다. **만일 이들이 이러한 숨겨진 가장 깊은 비밀인 비애를 발견하기만 한다면, 이들**

이야 말로 진정으로 행복한 사람이라고 할 수도 있을 것이다. 하지만 이를 발견한 사람들은 아주 드물게 한 세기 전체에 걸쳐 단 몇 사람만 보일 정도로 드물다. 아마도 이러한 사람은 우리가 '신비가'라고 부르는 사람들일 것이다.

반면 세상에는 허다한 사람들이 이러한 진정한 비애를 발견하게 되는 기회를 놓쳐 버리고 비극적인 삶을 살고 있다. 협회에서의 연설은 이제 비극적 사랑을 겪고 있는 구체적인 세 인물을 소개하고 있다. '마리 보마르쉐'는 저자가 소개하는 첫 번째 비극적인 운명의 인물로서 괴테의 「크라비고」라는 희곡에 나오는 여주인공이다. 그녀는 크라비고라는 젊은이와 약혼을 하였으나, 결국 파혼하게 되고 이후 다양한 내적인 혼란을 겪게 된 여인이다. 파혼의 원인이 사랑이 식었기 때문인지 혹은 오해 때문인지 혹은 크라비고가 사기꾼이었기 때문인지를 알지 못하기 때문에 그녀는 내적인 혼란을 겪고 있다. 원인을 알 수 없기에 그녀는 이후의 대처 방법도 알 수가 없다. 그래서 '비애'라는 면사포를 쓰고 세상으로부터 숨게 되는 것이다. 그녀의 삶은 표면적으로는 분주한 외형적인 삶에 머물고 있다고 해도 고요한 고독과 내면적인 삶으로 일관되고 정신은 결과 없는 무의미한 운동을 끊임없이 되풀이 한다. 어떤 사람에게 있어서는 감각적인 향락이 삶을 향유하는 방법이듯이 마리 보마르쉐에게는 비애가 삶을 향유하는 한 방편이 되고 그녀는 비애에 젖어 일종의 감미로움도 즐긴다. 하지만 그녀가 가진 비애의 특징은 자신의 비애의 대상을 발견할 수 없다는 불안에 있다. 즉 그녀는 무엇 때문에 이러한 비애가 자신에게 발생한 것인지를 끝내 알지 못한다. 이러한 막연하고 불안한 상태를 지속할 힘이 없는 그녀는 결국 크라비고가 자신을 속였다고 생각한다. 즉 불안을 견디지 못하고 윤리적인 범주로 도피한 것이다. 크라비고는 그녀에게 사기꾼이었고 유혹자였던 것이다. 즉 그녀는 그녀의 비애의 대상(원인)을 크라비고가 사기꾼이었다는 사실에서 발견하고자 한 것이다. 그런데 이것이 또한 그녀의 비극의 원인이 된다. 왜냐하면 아이러니하게도 크라비고가 자신을 속였다는 그 사실로부터 비애는 상실되고 말기 때문이다. 즉 그것은 '슬픈 사랑'이 아니라, 처음부터 '사랑이 아닌 것'이었기 때문이다. 그래서 그녀에게는 더 이상 비애가 자랄 수가 없고, 그녀는 더 이상 살아갈 그 무엇을 가질 수가 없게 되는 것이다. '마리 보마르쉐'의 비극은 애초에 그 대상(원인의 대상)을 가질 수가 없었던 비애의 대상을 추구하였다는 것에 있다. 아마도 우리는 이러한 그녀의 비극적인 삶이란 속임수 때문에 야기된 모든 불행한 사람에게 해당된다고 할 수 있을 것이다. 아마도 키르케고르는 그것이 어떠한 대가를 요구하더라도 마리 보마르쉐가 그 대가를 지불하고 끝가지 비애를 붙들고 있어야 했고, 또 이 비애를 더욱 깊어지게 했어야 했다고 말할 것이다. 왜냐하면 **구원의 빛은 그 비애의 최후에라야 도달할 것이기 때문이다.**

저자가 소개하는 두 번째 인물은 오페라 「돈 조바니」에 나오는 '돈나 엘비라'이다. 엘비라는 원래 수녀였으나, 돈 후안이 그녀를 유혹하여 수도원의 평화에서 이끌어 낸 비극적인 인물이다. 돈 후안은 그녀를 유혹하였고 그녀는 그의 사랑을 믿고 그와 함께 살기 위해 일체를 단념하였다. 하지만 돈 후안은 그녀를 떠났다. 엘비라에게 돈 후안은 그녀를 속였고, 그녀에게서 일체를 약탈하고 불명예 속에 던져 넣은 사기꾼임이 명백하다. 그래서 엘비라에게는 증오와 절망과 복수의 감정이 가득 차게 된다. 하지만 이러한 엘비라의 모습은 독자들이 상상하는 엘비라의 모습이다. 만일 보다 더 큰 어떤 힘이 돈 후안을 그녀에게서 빼앗아 갔다면 그녀는 그를 증오하거나 그에 대한 복수심을 가질 수가 없다. 그녀의 비극은 사건의 원인을 알 수가 없다는 데에 있다. 숨겨진 엘비라의 진정한 모습은 어떤 것일까? 저자는 숲속을 헤매는 엘비라를 만난다는 설정을 한다. 그리고 그녀에게서 위엄

이 넘치는 당당한 시선과 그녀의 매우 고귀한 정열을 발견한다. 그리고 외친다. "불쌍한 엘비라! 나무들은 무엇인가를 찾아냈을까? 나무들은 인간들보다는 훌륭하다. 왜냐하면 인간들이란 쑥덕거리지만, 나무들은 탄식하고 침묵을 지키니까!" 돈 후안에게 버림받은 엘비라가 어찌하여 위엄 넘치는 당당함을 지니고 있으며, 또 그녀가 지닌 고귀한 정열이란 무엇일까? 그리고 왜 나무들은 사람들보다 위대하다고 하는 것일까? 여기서 우리는 어렴풋하나마 후일 다른 저서들에서 등장하게 될 '믿음의 기사'의 전형前形을 볼 수 있다. 비록 버림받았지만 그녀는 돈 후안을 진정으로 사랑하였다. 그 사랑은 진실이었다. 세상 그 무엇보다 소중하였고, 자신의 영혼의 구원보다 더 소중한 것이었다. 엘비라는 그 사랑 때문에 명예와 일체의 것을 포기하였다. 그런데 돈 후안은 불성실하였다. 아니 알 수 없는 이유로 떠나 버렸다. 이제 그녀는 모든 것을 상실하였다. 그녀가 속세를 택하였을 때, 그녀는 천국을 잃었고, 돈 후안이 그녀를 버렸을 때, 그 속세마저 잃었다. 그녀는 세상에서 죽은 것이다. 만일 이것이 신의 명령과 약속 때문이었다면 그녀는 아브라함과 같은 믿음의 기사가 될 것이다. 하지만 그녀의 포기는 외형상 한 남자에 대한 사랑 때문이었다. 비록 속임수의 희생양이 되고, 버림받았다 해도 그럼에도 그녀에게 있어서 무엇보다도 고귀한 것은 '그녀 자신의 사랑'이다. 돈 후안이 어떤 사람이었는지, 무엇 때문에 그녀를 떠났는지 하는 것은 중요한 것이 아니다. 그녀에게 있었던 그 사랑은 순수한 것이었고 진실한 것이었고, 세상 그 어떤 사람에게서도 볼 수 없는 고귀한 것이었다. 바로 이것이 그녀로 하여금 위엄과 고귀함을 느끼게 해 준 것이었다. 나무들이 위대한 것은 바로 그 침묵, 즉 판단하지 않음에 있다. 왜냐하면 아직 그녀의 내면에 무엇이 있는 것인지는 아무도 알 수가 없기 때문이다.

일체의 것을 상실한 그녀에게 살아갈 수 있는 힘은 오직 두 가지 가능성에 있다. 하나는 윤리적이고 종교적인 범주 밑으로 들어가는 것이며 —여기서 윤리적이고 종교적인 범주를 윤리적인 실존이나 종교적인 실존과 혼동해서는 안 될 것이다—, 다른 하나는 돈 후안에 대한 그녀의 사랑, 즉 '비애'를 간직하고 사는 것이다. 하지만 윤리적이고 종교적인 범주로 나아간다는 것은 돈 후안을 사기꾼으로 판단하는 일이며, 이는 그녀를 절망하게 할 것이다. 왜냐하면 그 경우 그녀의 고귀한 사랑은 허상이 되고 말 것이기 때문이다. 만일 절망을 피하고자 한다면, 그녀는 돈 후안에 대한 사랑을 놓지 말아야 한다. 저자는 여기서 엘비라가 '비애'를 간직하고 살기를 바란다. 왜냐하면 비애는 그녀의 영혼의 양식이 될 수가 있으며, 살아 있는 허다한 남편들보다 더 중요한 것이기 때문이다. 하지만 엘비라는 여기서 그 어느 것도 선택하지 못한다. 이 두 가지 가능성 사이에서 그녀는 끊임없이 망설이고 있다. 침몰하는 배 안에서 무엇을 진정으로 구해야 할지를 알지 못하는 선원처럼 그녀는 두 가지의 가능성 사이에서 망설이고만 있는 것이다. 바로 여기에 그녀의 비극적 삶이 있는 것이다.

저자가 세 번째로 소개하는 인물은 괴테의 『파우스트』에 등장하는 '그레첸'이다. 그레첸은 순수한 영혼 그 자체였다. 겸손하고 소박한 이 영혼은 천진난만하고 피어나는 청춘을 간직하고 있었으며, 티 없이 맑고 직접적인 행복을 가진 순결한 젊은 처녀였다. 그러면서도 하느님을 두려워하는 경건함도 지니고 있는 아름답고 감성적인 영혼이었다. 반면 파우스트는 엄숙한 영혼을 가지고 있었고, 감성적인 것이 상실되고 모든 것에 회의를 느끼고 있는 황혼기의 영혼을 가지고 있었다. 그는 세상의 모든 진리들을 알고 있는 듯하지만 그럼에도 그 어느 것에도 확신을 가질 수 없는 회의론자이다. 그의 영혼은 안주할 곳을 찾지 못한 채 불안하고 방황하고 있다. 그는 '돈 후안'과 마찬가지고 데모니시한 영혼을 지니고 있지만, 그의 영혼은 '돈 후안'의 그것과는 비교할 수 없이 고차적이다. 그가 원하는 것은 감성적인 아름다움이 아닌 정신의 직접성이다. 그의 병든 영혼은 다시 젊어지고 청춘의 힘을 다시 찾을 수 있는 새싹과 같은 순수함을 원하고 있다. 이토록 서로 다른 두 영혼이 만났을 때, 무슨 일이 일어날까? 파우스트가 그레첸을 보았을 때, 그는 그레첸과 같은 젊은 여성이 아니라면 세상 어디에서도 자신이 찾고 있는 것을 찾을 수 없다고 생각하였다. 반면 그레첸은 자신이 그의 사랑을 받기에는 너무나도 보잘것없는 존재라고 여긴다. 비록 악마 메피스토펠레스의 마술을 통해 이루어진 사랑이긴 하지만 이들의 사랑은 너무나도 진지하고 열정적이다. 이들의 사랑에 대해 기술하는 저자의 표현은 더 이상 잘 표현할 수 없을 만치 명료하다. "건강한 희망과 신앙과 신뢰가 다양하게 싹터서 꽃피고, 부드러운 맥박이 미묘한 새싹을 움직이고, 꿈이 그들의 결실에 그림자를 드리운다."

하지만 이들의 사랑은 그리 오래가지 못한다. 둘 사이에 금이 생긴다. 회의론자인 파우스트에게는 '결론'이 결핍되어 있다. 반면 순진함과 어린이다움을 지니고 있는 그레첸은 '결론'을 가지고 있다. 바로 이 어린이다움이 파우스트가 회의하는 순간에도 끊임없이 신앙을 쌓아 올리고 있다. 하지만 회의론자인 파우스트는 그레첸이 신앙의 기초를 쌓아 올리는 그 순간에도 끊임없이 그 기초를 허물고 있다. 여기서 비극이 발생한다. 그레첸은 파우스트의 영광과 압도적인 우월성에 매료당하고 완전히 자신을 상실하고 있지만, 파우스트는 그레첸이 자신의 회의를 감당할 수 없다고 여기며 그녀에게 자신을 숨기고 있다. 파우스트의 사랑은 성실한 것이 아니라, 일종의 자비이고 친절일 뿐이었다. 그는 그녀를 정신적인 영역으로 끌어올리지 않고 다만 감성적으로만 원하고 있다. 그리고 머지않아 그는 그녀를 버리고 만다. 자신의 전부이자 하느님의 자리에 두고 있었던 사랑하는 이에게서 버림받은 영혼의 충격과 상처는 상상할 수조차 없는 것이다. 이후 그레첸의 삶은 일체가 중지된다. 다시 살아가기 위해서는 이러한 상황을 매듭지어야만 한다. 하지만 사색의 운동을 일으키면 엘비라의 문제와 동일한 것이 발생한다. 즉 파우스트가 사기꾼이고 위선자이며 사랑은 속임수였다고 판단할 수밖에 없는 것이다. 하지만 사정은 그렇게 간단하지가 않다. 비록 파우스트가 자신이 한 말들을 자신은 전혀 믿고 있지 않았다고 해도, 최소한 그레첸에게는 그렇지가 않았다. 왜냐하면 그녀는 그 말들을 통해서 믿음을 가질 수 있었고, 그 말들을 통해서 진정한 사랑을 가질 수 있었기 때문이었다. 어떤 관점에서는 파우스트의 절대적인 속임수가 그레첸에게 절대적인 사랑을 야기한 것이라고 할 수 있다. 이러한 상황에서 그레첸은 어떤 결론을 내릴 수 있을까? 그녀는 다양한 결론을 상상하면서 애쓰고 있다. "그를 잊을 수가 있을까?" "그를 계속하여 사랑할 수는 없는 것일까?" "하느님의 자비는 그의 사랑을 다시 돌려주지 못하는 것일까?" "만일 이것이 하느님의 섭리라고 한다면 나는 그를 저주할 수 있을까?" "어쨌든 그는 내 영혼의 양식이었다. 그런데 탄식하고 슬퍼할 수가 있는 것일까?" "이제 어디에서 내 영혼의 평화를 구할 수 있는 것일까?" "그가 다시 돌아올 수 있다면!" 이렇게 하여 결국 그레첸에게도 여전히 진정한 비애라고 부를 만한 것이 없다. 왜냐하면 그녀 혼자서는 슬퍼할 수가 없기 때문이고, 파우스트는 이미 떠나서 영영 그녀의 목소리를 들을 수가 없기 때문이다. 이렇게 저자는 이 세 명의 인물들을 이 세상에서 가장 불행한 인물들 중에 포함시키며, 이들이 서로의 비극에 대한 공감으로 단결하고 있으며, 여기서 위안을 얻고 있는 아름다운 모습을 보이고 있다고 결론짓고 있다.

「가장 불행한 사람」이라는 제목이 붙은 이 장에서는 '세상에서 가장 불행한 이는 어떤 사람인가?'라는 주제를 통해서 가장 불행한 사람이 결국 진정으로 행복할 수 있는 사람이라는 기독교적 역설을 말하고 있다. 우선 저자는 '가장 불행한 사람'이라는 묘비명을 가진 무덤이 파헤쳐져 있고, 그 무덤 속에는 시체가 사라져 버렸다는 설정을 하면서 의문을 던진다. 누가 무슨 이유로 무덤을 파헤치고, 시체를 치워 버렸을까? 아니면 죽은 자가 다시 살아난 것일까? 가장 불행한 사람은 죽어서도 비애가 뒤쫓는 것일까? 이러한 질문을 통해서 저자는 가장 불행한 사람이란 죽음마저도 휴식을 주지 못하는 사람일 것이라는 생각을 떠올린다. 다시 말해서 가장 불행한 사람은 죽음조차 문제를 해결해 주지 못하는 사람일 것이다. 그리고는 헤겔이 말하는 '불행한 의식'에 대해 문제를 제기한다. 헤겔에 의하면 불행한 의식이란 자신에게서 부재不在하는 사람, 즉 자신의 삶의 내용과 자신의 존재의 본질을 자기 자신의 바깥에서 갖고 있는 사람이다. 그리고 이러한 부재는 과거에 살고 있거나 미래에 살고 있는 사람이다. 하지만 키르케고르는 이러한 생각에 반론을 제기한다. 과거에 대한 회상이나 미래에 대한 희망의 형태 속에서도 사람들은 자신이 현존하고 있을 수 있으며, 불행은 과거에나 미래에 대해서조차 자신이 현존하지 못하는 것에 있다고 말하는 것이다. 즉 영원한 삶을 희망하는 사람이라고 할지라도 그가 희망 속에서 진정으로 현존하고 있다면 불행한 것이 아니다. 과거는 흘러가 버린 것이고 다시 오지 않는 것이지만, 희망은 다가오는 미래의 것이다. 때문에 과거에 집착하는 것은 불행의 요소가 될 수 있지만, 희망은 그러하지 않다. 그래서 엄밀한 의미에서 **진정한 불행은 아무것도 가진 것이 없는 영혼이 미래를 희망하지 않고 과거에 집착하는 일이다.**

이러한 결론을 통해서 '세상에서 가장 불행한 사람은 누구일까?'를 질문하면서 「가장 불행한 사람 선발대회」를 기획하고 여기에 오를 후보는 어떠한 사람들인지 심사하고자 한다. 최후의 승자는 저 빈 무덤의 주인공이 될 것이다. 연설자는 심사의 대상이 될 구체적인 역사적 인물들을 언급하는데, 가장 먼저 후보의 대상에 오를 사람은 그리스 신화에 나오는 테베의 왕비 '니오베'다. 그녀는 여신 레토에게 자신의 자식이 많다고 자랑하다 신의 노여움을 사서 자식들이 모두 죽음을 당하고 자신도 돌로 변해 버렸으나 그래도 울음을 그칠 수 없었던 불행한 여인이었다. 그 다음은 안티고네이다. 이 둘은 모두 회상에 잠겨 현재의 삶이 박탈된 불행을 가지고 있다. 그리고 그 다음에는 구약 성경의 욥이다. 욥은 부와 건강과 친구와 일체의 것을 단번에 상실하였다. 비록 그가 최후에 일체의 것을 되돌려 받겠지만, 이 되돌려 받음은 세인들의 관심 밖의 일이기 때문에 그는 가장 불행한 사람의 반열에 오른 것이다. 그런 다음 탕자의 아버지를 후보군에 올린다. 그 다음은 예수를 배신한 유다를 그리고 그런 다음에는 「그림자 그림」에서 소개하였던 3명의 불행한 여인들을 후보군에 올린다. 그러나 이 모든 이들이 '가장 불행한 사람'이라는 영예로운 칭호를 받기에는 역부족이다. 이 칭호를 받을 사람은 '아직 이름도 모르는 알려지지 않은 사람'이라고 저자는 말한다. 이 알려지지 않은 사람은 어떤 사람일까? 그는 어떤 친구도 자신에게 매어 두지 못하고, 어떤 여인도 그를 사랑하지 못하고, 어떠한 동정도 그의 고통을 알아차리지 못하고, 어떤 눈도 그의 아득한 비애를 꿰뚫지 못하고, 어떠한 귀도 그의 은밀한 탄식을 듣지 못하는 그러한 사람이다. 하지만 역설적으로 불안에 떨고 있는 사람들이, 희망을 상실한 사람들이, 임종을 맞이하는 사람들이, 온 세상의 불행한 사람들이 그를 통해서 위로받고, 그에게 의지하고, 그를 통해서 행복을 가질 수 있을 것이라 생각하는 바로 그 사람이다.

이제 빈 무덤의 주인이 정해졌다. 연설자는 이제 하나의 역설적인 결론을 이끌어 낸다. "가장 불행한 사람이라고 했던가? 아니지. 가장 행복한 사람이라고 했어야 했다. 왜냐하면 그것이야말로 미상불 아무도 자기 자신에게 줄 수가 없는 신들의 선물이기 때문이다. 보라, 언어도 맥을 못 추고, 사상도 혼란에 빠졌다. 가장 불행한 사람을 제외하고 과연 누가 가장 행복한 사람일 수 있으며, 가장 행복한 사람을 제외하고 누가 가장 불행한 사람일 수 있겠는가?(이것이냐, 384)" 이러한 역설은 신약 성경에서 말하는 바로 그 역설과 동일한 것이다. 연설자는 끝끝내 이 가장 불행하고 가장 행복한 영광스런 이름을 밝히고 있지 않다. 하지만 조금만 지각 있는 독자라면 그 이름이 누구를 암시하고 있는 것인지를 알아차렸을 것이다. 무덤의 주인은 사라졌고, 우리는 빈 무덤 앞에 서 있다. 우리들의 평화와 안식을 그리고 모든 상처의 치유와 온갖 종류의 행복을 나아가 땅에서의 죽음과 더 이상 회상을 통한 불행이 없기를 소원할 수 있는 그 무덤의 주인이 '그리스도 예수'라는 것은 쉽게 떠올릴 수 있을 것이다.

만일 독자들이 1장에서 5장까지 다루고 있는 비극에 대한 내용을 한마디로 요약해 주기를 원한다면, 우리는 다음과 같이 요약할 수 있을 것이다. 인생에 있어서 가장 큰 비밀은 인간성의 비밀이며, 그 심연은 하도 깊어서 그 깊이에까지 도달하고자 하는 자는 '현실의 작은 행복들' 혹은 '일상의 크고 작은 기쁨들'을 포기하지 않을 수 없다. 이러한 일은 어떤 행운아들 혹은 어떤 불운한 이들에게 '비애'라는 형식으로 나타나는 드물지만 부정할 수 없는 인생의 법칙이다. '이것과 저것' 둘 모두를 가질 수는 없으니 우리는 둘 중 어느 하나를 선택할 수밖에 없다. 비애를 통해서 그는 보다 깊이 인간성의 지반으로 내려가고 일반인들이 볼 수도 감지할 수도 없는 삶의 신비에 진입할 수 있지만, 윤리적이고 종교적인 삶의 범주(실존이 아닌 범주임에 유념할 것)에 회피하면서 이 비애를 무화시킬 수 있는 가능성은 항상 존재한다. 그래서 그 누구도 이해할 수 없고, 엿볼 수 없는 가장 깊은 비애를 간직한 자만이, 역설적으로 이 현세를 초월하고 있는 자이며, 이러한 자가 역설적으로 가장 행복한 자라고 불릴 만한 사람이다. **즉 보다 깊어진다는 것, 그것은 보다 인간적이 된다는 것이다. 즉 보다 신성과 연결된 것으로서의 인간적인 존재가 되는 것이다.**

5장
「첫사랑」과 「윤작」

「첫사랑」의 초기에 저자는 프랑스의 희극작가인 외젠 스크리브Eugéne Scribe의 희곡을 읽고 그 연극이 자신이 당시 겪고 있는 일과 너무나 일치하고 있으며, 자신의 생활에 많은 영향을 끼쳤다고 생각하며, 따라서 자신이 누구보다도 이 연극을 잘 이해하고 있다고 판단하였기 때문에 이 연극에 대한 평론을 쓰게 되었다고 그 동기를 밝히고 있다. 그럼에도 이 글은 단순히 이성 간의 최초의 사랑을 의미하는 '첫사랑'에 대한 논의만을 포함하고 있지는 않다. 여기에서 저자는 현대연극이 가지는 특징에 대해서도 반성적으로 분석하고 있으며, 최초, 시초, 계기, 기원이라는 개념에 대한 철학적 분석도 산발적으로 시도하고 있다. 물론

이 글은 전체적으로 희곡으로서 혹은 연극으로서의 '첫사랑'이 가지고 있는 그 탁월한 묘사나 인물들의 개성을 평가하는 것에 할애하고 있다. 이 글이 키르케고르 자신이 쓴 것임을 염두에 둔다면, 이 글은 레기네 올센에 대한 그의 첫사랑의 의미를 유비적으로 해명하며, 또한 자신의 「연극론」을 피력하고 있는 글이라고 보아도 무방할 것이다.

희곡의 내용과 인물들의 성격을 분석하기 이전에 저자는 첫사랑이 가진 '첫 번째'라는 것의 의미에 대해 고찰하고 있다. 여기에는 하나의 일반적인 인생의 법칙이 발견되는데, 그것은 생의 운명에는 서로 모순되는 것의 결합이 있다는 것이다. 즉 인생에는 도무지 말이 되지 않는 일이 종종 이루어지고 있는데, 이러한 모순되는 것의 결합은 우연에 의해 이루어진다. 그렇기 때문에 이는 일종의 생의 역설이다. **비-이성적이며, 비-논리적이며, 필연적인 것이 아니며 개인의 의지와 무관한 것이기에 '신의 섭리'라고 할 만한 것이다.** 이러한 사건의 출발점이 '계기'이고, **이러한 계기는 예술가들에게 있어서는 '영감'이라고 하는 것이다.** 일체의 것이 '계기'로부터 시작된다는 점에서 '계기'는 모든 작품에 있어서 중요한 것이다. 이는 사람들이 "그 사람의 편지가 계기가 되어…" 라고 말할 때, 혹은 "그의 건강이 악화된 것이 계기가 되어…"라고 말할 때의 것과는 전혀 다른 것이다. 즉 진정한 계기는 어떠한 이유나 합리적인 설명을 넘어서는 것으로 시인에게 있어서는 '詩의 神'의 도움을 말하는 것이다. 이는 자기 자신이 창조한다고 믿고 있지만 사실은 외부의 힘에 의해서 이루어진 것임을 알게 되는 그러한 것이다. 우리는 이러한 저자의 사유에서 근대적인 '천재담론'을 엿볼 수 있다. 진정한 예술가란 곧 '영감'에 의해 창작하는 이를 말하며, 만일 이러한 영감의 비밀을 이해하지 못한다면 그의 작품의 모든 비밀은 결코 밝혀질 수가 없다는 그러한 사유이다. 하지만 계기는 출발점, 즉 시작 혹은 기원을 의미하는 것이기에 구체적인 사건이 이루어지는 내용의 측면에서는 아무것도 아닌 '無'와 같은 것이다. 계기는 절대적으로 주관적인 것이어서 계기에 대한 일반적인 설명을 한다는 것은 결국 아무것도 없다는 것을 확인하게 되는 것일 뿐이다. 따라서 계기는 절대적으로 중요하지만 또한 절대적으로 아무것도 아닌 것과 같은 것이다. 어떤 평론가도 작품의 계기에 대해서는 평론이 불가능하다는 것은 바로 이 때문이다.

저자는 「첫사랑」을 "우리나라 연극의 완전한 영광"이라고 치켜세우고 있는데, 그럼에도 불구하고 이 글을 쓰게 된 계기가 '자신이라는 하찮은 인간'에 관계되는 것이라, 독자들에게는 중요하지 않은 글이라고 말하고 있다. 물론 이러한 자평은 겸손함이라기보다는 역설적인 표현이다. 즉 이 작품은 '자기 자신을 이해하는 데 도움을 준 작품'이며, '진정한 사랑'이 무엇인지를 알게 해 준 작품이라는 것이다. 저자는 "이 작품은 그 자체의 시적인 힘으로써 나의 가슴에 사랑이 망울지게 하여 이슥고 시계꽃처럼 활짝 피게 하는 것"이라고 평한다. 그리고는 이 작품이 지니고 있는 현대적 특성을 말하고 있다. 현대의 작품에서는 주인공이 지닌 인물의 성격(개성)이 실제 주인공의 말과 행위에 완전히 일치하고 있기에 독백을 통한 심정의 토로는 불필요하며, 연극의 행위는 그 연극이 가지는 내용과 완전히 일치하고 있어서 상황에 걸맞은 소설적인 설명(합창)이 불필요하다. 따라서 현대적 연극에서 주인공의 행위와 말은 모든 것을 집약하고 있으며, 관객을 위한 예비적인 지식이나 설명이 불필요하다. 관객들은 극적인 진전에 신경 쓸 필요가 없이 오직 연극 속의 주인공의 행위와 말에 집중하기만 하면 되는 것이다. 이러한 현대연극에 대한 저자의 설명은 오늘날 '리얼리즘'이라는 것에 해당한다고 볼 수 있다.

저자는 스크리브의 「첫사랑」에 대해 완결성을 가진 탁월한 작품이라고 극찬하는데, 그 이유는 첫째 상황이 극적이고 대화가

집약적이며 단순하여 군더더기가 없다고 보기 때문이다. 둘째는 극중의 인물들이 '낭만적인 소설 속의 개성'을 완벽하게 보여주고 있다고 믿기 때문이다. 저자는 연극에 나오는 인물들에 대해 분석하면서 연극의 인물이 가져야만 하는 중요한 특징에 대해 논하고 있다. 그중 하나는 '낭만적인 주인공'이라는 개념이다. 낭만적인 주인공 혹은 낭만적인 소설 속의 주인공은 두 가지의 특징을 가지고 있는데, 그중 하나는 개체가 점점 더 환상 속으로 침잠하여 그 스스로 이념에 홀려 버린 사람인데, 여자 주인공 에므리에가 이러한 인물에 해당한다. 다른 하나는 환상에 대한 신앙을 상실하는 대신 속임수를 획득한 사람인데, 에므리에와 결혼을 하고자 하는 남자 주인공인 샤를이 이러한 사람에 해당한다. 에므리에는 정열을 가지고 있다. 하지만 이 정열은 구체적인 대상을 결여하고 있는 정열이다. 왜냐하면 이 정열의 대상은 그 자체 비현실적인 것, 즉 환상이기 때문이다. 에므리에가 자신의 정열을 위해서 모든 것을 희생하고자 하는 그 사실은 곧 無를 위해서 희생하고자 하는 것이다. 연극에서 에므리에가 가진 이 환상은 곧 '첫사랑'에 대한 그녀의 열정이다. 그녀는 "첫사랑만이 진실한 사랑이고, 사람은 한 번밖에는 사랑하지 않는다"라며 자신의 환상을 옹호하지만, 사실상 이러한 첫사랑은 사랑의 계기일 뿐 '진정한 사랑'이라는 차원에서는 무에 불과하다. 다시 말해서 그녀가 사랑하고 있는 대상은 '그녀의 환상 속에 있는 인물'이며, 구체적인 현실 속의 인물은 그 환상을 야기하는 계기일 뿐이다. 극 중에서는 이미 결혼한 적이 있는 샤를이 랑비유라는 청년으로 위장을 하고 나타나지만, 에므리에는 랑비유에게서 자신의 '첫사랑'이었던 샤를의 모습을 발견하고 사랑의 열정을 불태우는 것으로 이러한 에므리에의 환상을 돋보이게 하고 있다.

반면 샤를은 스스로 자신의 실제적인 모습을 어떤 속임수를 통해서 과장하거나 미화시키는 인물로서 관객에게 어떤 믿음이나 신념을 유발시키는 인물이다. 가령 자신의 인생에서 완전히 실패하였지만, 오히려 이러한 실패에서 어떤 고귀한 것을 소유하고 있다고 믿고 있는 사람이다. 일반인이 볼 때 보잘것없고 하찮은 삶 혹은 비참한 삶을 살아가지만 주인공은 스스로 비상한 일을 성취하였다고 굳게 믿고 있는 사람이다. 샤를은 연극에서 이러한 역할을 충실히 이행하는 인물로 등장한다. 인생에 실패하고 다시 고향으로 돌아온 샤를은 랑비유라는 청년으로 위장하지만, 그의 연극적인 행동이 하도 완벽하여서 모두를 속일 수 있었으며, 에므리에의 열정을 불러일으킬 수가 있었고, 마침내 그녀로 하여금 자신과 결혼하고자 결심하게 한다. 비록 샤를이 모두를 속인 비-도덕적인 인물이고, 에므리에를 우롱한 유혹자에 불과하지만 그럼에도 관객들은 샤를을 통해서 감명받을 수 있다. 그의 연극적인 행위가 하도 진지하여 '샤를'이 진짜 그인지 '랑비유'가 진짜 그인지 알 수 없게 만들며, 또한 그의 인생에 대한 짧고 단순한 대화들은 한마디 한마디가 천금과 같은 것이었기 때문이다.

물론 연극의 결말은 허무하거나 무의미하다. 어떤 의미에서 이 연극은 결말이라는 것이 없다. 에므리에가 랑비유와 결혼하고자 결심한 것은 샤를이 타지에서 이미 결혼하였다는 소문을 들었기 때문이며, 그리고 랑비유에게서 그녀 스스로가 창조한 첫사랑의 모습을 보았기 때문이었다. 결국 샤를은 랑비유라는 청년으로 가장하여 에므리에를 우롱하였고, 에므리에는 '첫사랑'의 환상으로 스스로를 속인 것이다. 모든 것이 거짓이고 허상이다. 어떤 의미에서 에므리에는 그녀 특유의 '낭만주의적 재능'을 통해서 자신의 경험이 밝혀 주는 진실을 받아들이기보다는 끊임없는 '변증론'으로 현실을 뛰어넘고자 한 위대한 변증론자라고 할 수가 있다. 이들이 참으로 결혼하였는지, 혹은 그들의 결혼생활이 행복하였는지, 마침내 에므리에는 랑비유가 사실은 샤를이었다는 것을 알게 되는지에 대해서는 알 수가 없다. 이러한 결론에 대해서 독자들이 혹은 관객들이 어떠한 평결을 내릴 수 있을까에 대해서는 다양한 해석이 가능하다고 저자는 말하면서 친절하게 그 다양한 경우를 소개하기도 한다. 그리고 연극에 등장하는 다른 인물들에 대해서도 —배우들이나 배우 지망생이라면 이 부분을 정독해 보는 것도 도움이 될 것이다— 그들의 역할이 매우 훌륭하였음을 극찬하고 있다.

이처럼 키르케고르가 '연극평론'이라는 형식으로 소개하고 있는 이 글은 우선적으로 「첫사랑」이라는 한 '희곡'의 내용과 연극에 대해서 분석하고 평가하는 글이라고 볼 수 있겠지만, 산만하게나마 의미 있는 중요한 철학적인 주제들을 내비치고 있다. 독자들이 유추해 볼 수 있는 철학적 주제는 크게 두 가지다. 첫째, '첫사랑'이라는 주제가 가지고 있는 그 의미이다. 첫사랑이 중요한 것은 왜일까? 비단 사람에 대한 것뿐 아니라 인생의 모든 것에 있어서 처음이라는 것은 매우 중요하다. 사람들이 흔히 "초심을 잃지 않기만 한다면…"이라고 말할 때, 그 이유는 무엇일까? 첫사랑이란 그 말 자체가 함의하고 있는 것은 두 가지이다. 하나는 사랑이라는 것을 처음 마주하는 사건이기에 순수하다는 것이다. 어떤 것을 처음 마주한다는 것은 이 어떤 것 외에 다른 것이 끼어들지 않는다는 것이다. 사람들이 인생의 중반기에서 어린 시절을 그리워하는 것은 때 묻지 않은 순수함에 대한 그리움 때문이다. 이러한 시초에는 어떤 이상적인 것이 깃들어 있다. 처음 화가의 길에 입문한 사람들은 누구나 고흐나 고갱 같은 이상적인 화가가 되려고 꿈꾼다. 하지만 현실은 이러한 순수하고도 이상적인 삶을 허락하지 않는다. **낭만주의자란 이러한 현실의 삶과 거리를 두고 이 초기의 '순수성,' '이상적인 꿈'을 (그의 마음속에서) 끝까지 고수하는 사람들이다.** 에므리에가 끝까지 첫사랑의 이미지를 놓지 않고 자신의 환상 속에 붙들어 놓으려 한 것은 이렇게 이해될 수 있다. 하지만 이들이 마음속에 지니고 있는 이러한 꿈은 현실에 비추어 보면 전혀 현실적인 것이 아니다. 현실과 거리를 두고 항상 이 꿈을 간직하고 사는 것이 잘 사는 것인지 혹은 현실을 현실로 인정하고 타협하는 것이 잘 사는 것인지 혹은 꿈이란 인생의 마지막에 가서야 실재가 될 수 있는 것이라고 생각하고 현실 안에서 희망을 안고 사는 것이 잘 사는 것인지 그것은 각자의 몫이다.

둘째, 첫사랑에 대한 고찰은 심미적 실존의 특성을 잘 보여 주고 있다. 심미적인 실존은 다른 실존의 범주가 나타나기 이전의 것이다. 즉 가장 첫 번째로 나타나는 삶의 지평이다. 생애 처음으로 접하고 있는 어떤 지평이기에 그의 모든 삶의 의미가 여기에 수렴되어 있다. 그래서 여기에는 심미적인 것 외의 윤리적인 어떤 판단 즉 선악에 대한 판단이나, 여타의 가치판단이 끼어들 여지가 없다. 오직 자신의 심미적인 실존의 의미로 가득 차 있을 때, 그것이 최고의 삶이다. 가령 자연의 어떤 전경을 보고 감탄하는 사람에게 가장 중요한 것은 자신의 심미적인 실존이 그 전경에 대한 환희나 기쁨으로 가득 차는 것만이 중요하다. 어떤 의미에서 심미적인 느낌이나 감동이 의미를 가지는 것만이 절대적으로 중요하고 이외 일체의 윤리적 종교적인 판단은 동반되지 않는다. 그렇기 때문에 미학적인 관심으로 그림을 그리고자 하는 화가가 현실을 떠나 있다고 해도 여기에 윤리적인 가치판단으로 그의 삶을 평가할 수는 없다. 마찬가지로 심미적인 것 혹은 미학적인 것을 가지고 자연 속으로 여행 온 사람에게 식물의 종류나, 지질학적인 생성과정이나, 곤충들의 생활습관이나 나아가 환경재앙 등에 대해 설명한다는 것은 무의미할 뿐 아니라, 오히려 불쾌감만을 유발하고 그의 여행을 망칠 수도 있다. 이러한 의미에서 비록 자신이 창조한 환상이기는 하나 한 남자에 대한 사랑으로 자신의 모든 삶의 의미를 붙잡고자 했던 「그림자 그림」에서의 3명의 비애의 여인이나 「첫사랑」에서의 에므리에는 심미적인 실존의 이상적인 모습을 보여 주고 있다. 즉 이들은 '실존적으로 산다'는 것이 어떠한 것인지를 보여 주는 인물들이라 할 것이다. 물론 현실 속에서 윤리적 · 종교적인 실존이 완전히 제거된 순수한 심미적인 실존을 살고 있는 사람은 극히 드물겠지만 그럼에도 이러한 사람들이 심미적인 실존을 가장 충실하게 살고 있는 사람들이다. 그리고 엄밀한 의미에서 **심미적인 실존에 대해 절대적으로 충실한 이러한 사람들만이 오히려 윤리적 실존으로 도약하게 될 때, 그리고 종교적인 실존으로 도약하게 될 때, 진정으로 그들의 실존적인 삶을 충실하게 살게 될 것이다.** 즉 인생에 있어서 중요한 것은 어느 범주 혹은 어느 지평에 살고 있는가가 아니라, 진정으로 '실존적으로 살고 있는가?' 하는 것이 중요한 것이다. 보다 일상적인 말로는 '충분한 열정'을 가지고 있는가 하는 것이 중요한 것이다.

「윤작」은 『이것이냐 저것이냐』의 각 장들 중에서 가장 짧은 글이나 키르케고르의 실존주의를 이해하는 데 아주 중요한 개념인 '권태'의 의미와 이를 해결하는 방법이 잘 드러나 있는 글이다. '윤작輪作'이란 농부들이 농사를 지을 때 땅의 힘을 잘 보존하기 위하여 여러 작물을 번갈아 가면서 경작하는 '돌려짓기'를 말한다. 이는 인간에게 있어서 권태를 극복하는 방법론을 비유적으로 말한 것이라 할 수 있다. 저자는 부제목으로 「하나의 처세론」

이라는 이름을 붙이고 있는데, 이는 '인생을 지혜롭게 사는 방법'이라고 보아도 무방하다. **즉 이 글은 전체적으로 인간이란 어떠한 삶을 영위하고 있든지 '권태를 느낄 수밖에 없는 존재'이며, 이러한 권태를 어떻게 극복하는가에 따라 인생의 성공여부가 달려 있다고 말하고 있는 글이다.** 사실 권태를 극복하는 방법이 곧 '실존적으로 산다는 것' 혹은 '실존적인 도약을 감행하는 것'이 된다. 심미적인 실존을 잘 영위하는 사람이란 이러한 권태를 잘 해결하는 사람이라고 해도 좋을 것이며, 진정한 예술가 역시 이러한 권태를 잘 극복하는 사람이라고 말할 수 있다.

우선 저자는 "모든 인간은 권태로워하고 있다"고 전제한 후에 자기자신을 즐겁게 한다는 것은 모든 사람들의 '의무'라고 말하고 있다. 그리고 권태를 해결하는 방법에 대해서 논하고 있다. 우선 저자는 부지런함이 이러한 권태를 해결해 줄 수가 없으며, 따라서 '나태'하다는 것은 악이 아니라고 한다. 오히려 권태가 모든 악의 근원이다. 쉴 새 없이 활동한다는 것은 인간을 정신세계로부터 추방하게 하며 동물적인 범주로 몰아넣는다. 자연에서는 나태함이란 것이 없다. 나태하다는 것은 정신의 세계에 속하는 것이다. 만일 전혀 권태를 느끼지 않는다면 나태는 오히려 선한 것이다. 왜냐하면 권태를 느끼지만 않는다면 인간은 나태함

안에서 행복감을 느낄 수 있기 때문이다. 이러한 저자의 사유에서 우리는 '명상' 혹은 '관상'에 대한 철학적인 의미를 이해할 수 있다. 인간은 육체적인 활동을 필요로 하는 존재이지만 또한 육체적인 활동을 멈추고 삶과 세계에 대해서 명상하고 관상하는 활동을 필요로 하는 존재이다. 따라서 고차적인 정신적인 활동을 수행하기 위해서는 육체적인 활동을 멈추고 '침묵'하고 '고요' 속에 머무를 필요가 있다. 이러한 정신활동은 육체의 편에서 보면 '나태함'처럼 보이는 것이다.

권태가 발생하는 원인은 두 가지이다. 하나는 본성적으로 타고난 것이며, 다른 하나는 권태를 해결하기 위한 방법으로서의 '기분전환'이 다시 권태를 낳는 경우다. 전자의 경우 인간의 심미적인 실존의 유형에서 전형적으로 나타나는 것인데, 삶에서 진정 의미 있는 무엇을 발견하지 못하고 모든 것에 있어서 소란한 감탄사를 연발하는 것을 말한다. 이는 감각적 혹은 감성적 차원에서 어떤 매력적인 것에 대해 감탄을 연발하지만 그러나 이러한 감탄이 의미 있는 무엇으로 환원되지 못하고 곧 공허함 속으로 사라져 버리는 삶의 방식이다. 이 의미 있는 무엇을 우리는 단순히 심미적인 것과 구별하여 '미학적인 것'이라고 말할 수 있을 것이다. 아름다운 석양을 보면서 감탄하게 되는 것이 순수하게 심미적인 것이라면, 이를 그림으로 그려 내는 것은 미학적인 것, 즉 나에게 의미 있는 무엇으로 환원하고자 하는 노력이다. 반면 '기분전환'이 또 다른 권태를 유발하는 경우는 방향을 잘못 잡은 기분전환의 경우인데, 이는 실존의 수직적인 상승(도약)을 유발하지 못하고 끊임없이 수평적인 이동을 하는 경우를 말한다. 예를 들어 사람들은 자신의 고향에 싫증나면 이웃마을로 여행을 가고, 이웃마을에 싫증나면 다른 도시로 여행을 가고, 또 다른 나라로 여행을 가고 나아가 우주로 눈을 돌리지만, 이러한 방식의 기분전환은 결코 근본적으로 '권태'를 해결해 줄 수는 없다. 왜냐하면 권태란 마치 인간의 심연 속에 놓여 있는 '무의미함'과 현실 속에 널려 있는 '無'에 의해 발생하는 것이기 때문이다. 아무것도 없는 공허 속에서는 그 어떤 메아리도 발생하지 않는다. 근본적으로 메아리가 없는 공허 속을 아무리 헤엄치더라도 여기서는 의미 있는 무엇을 발견하기 어렵다. 한마디로 '권태'란 인간의 존재론적인 조건 즉 인간은 근본적으로 '존재론적인 빈약함'을 가지고 있는 존재이며, 주어진 그 자체로서는 충분히 '존재의 충만,' '가치의 충만,' '의미의 충만'을 가질 수가 없다는 존재론적인 조건에서 발생하는 것이다. 따라서 권태란 이러한 존재론적인 지반에서 어떤 변화를 유발하지 않는 한, 마치 인생의 조건처럼 발생하는 것이다.

'권태'를 해결하기 위해서 사람들은 '변화'를 원한다. 여기서 '윤작'이 그 의미를 가지게 된다. 하지만 올바른 윤작이 무엇인지를 이해하지 않으면 윤작은 무의미한 것이 되고 또 다른 권태를 야기한다. 무료함을 해결하기 위한 수평적인 이동은 근본적으로 '바깥을 지향하는 것'으로 전혀 올바른 윤작이 아니다. 이는 질그릇으로 식사하는 데 싫증나서, 은그릇으로 식사를 하고 그리고 다시 금그릇으로 바꾸는 것과 같은 것으로 마치 토지를 옮겨 다니는 것과 같다. 올바른 윤작은 토지를 바꾸는 것이 아니라, 경작의 방법을 바꾸는 것, 즉 관심사를 내면으로 돌리는 것이다. 저자는 이러한 방법을 '제한의 원리'라고 말하고 있다. 독방에서 형을 살고 있는 죄수나 어린이들은 아주 작은 일들, 개미나 파리를 관찰하면서 무한한 기쁨을 발견한다. 그 이유는 그들의 실존이 너무나 많은 외부의 관심사들로부터 '제한'되어 있기 때문에 관심사가 자신의 내면으로 방향이 잡혀 있기 때문이다. 이는 정신의 영역에서도 마찬가지다. 여기서 저자는 '회상'과 '망각'이라는 주제를 이끌어 낸다.

인생이 회상과 망각이라는 두 흐름으로 이루어지고 있기 때문에 이 두 흐름을 지배한다는 것은 권태를 해결하는 매우 효과적인 방법이다. 정신의 세계에서 권태란 잊어버리고 싶은 불쾌한 경험을 잊지 못하고 회상하는 그것에서 주어진다. 끊임없이 괴로움을 유발하는 것을 회상해야 한다는 것, 무의미한 사건들을 계속하여 생각해야만 한다는 것, 이것이 정신에 있어서 권태를 의미하는 것이다. 그런데 왜 사람들은 이러한 과거의 사실들을 잊지 못하는 것이며, 자신의 의지와 무관하게 이러한 것들을 회상할 수밖에 없는 것일까? 그것은 ―무의식중에라도― 그것에 삶의 의미를 부여했기 때문이다. 그렇기 때문에 무의미한 것, 고통스러운 것을 무제한으로 회상하지 않기 위해서는 "삶의 모든 사건들에 있어서 원할 때 잊어버릴 수 없을 정도로 큰 의의가 부여되어서는 안 되며, 원할 때 회상할 수 있을 정도로만 의미를 부여해야 한다." 이것이 정신의 세계에서 '제한의 원리'를 적용하는 방법이다. 그래서 저자는 "어떤 것에도 감탄하지 않는 것"이야말로 진정한 철학이라고 역설적으로 말하고 있다. 이러한 의미에서 '제한의 원리'는 동양철학에서 말하는 '중용의 원리'와 유사한 것이다. 다시 말해서 그것이 아무리 큰 즐거움이라고 해도 '제한'을 두어야 한다. 우리의 실존을 잠식해 버릴 그 어떤 즐거움도 결국은 우리에게 불쾌감을 유발하고 정신적인 권태를 야기할 것이다. 그래서 즐거울 때 잠시 회상에 잠긴다는 좋은 것이며, 이는 곧 제한의 한 방법이 된다. 인생에 흐름에서 가끔 회상에 잠긴다는 것은 현실이라는 사막의 하늘 위에 떠 있는 북극성과도 같은 것이다.

마찬가지로 망각의 기술이란 생의 불쾌감을 불식하는 매우 유용한 기술이다. 사람들이 망각하지 못하는 이유는 불쾌한 것만 망각하고자 애쓰기 때문이다. 불쾌한 것이나 유쾌한 것이나 나의 실존을 잠식하는 것은 무엇이나 존재의 빈약을 야기한다. 그렇기 때문에 망각은 불쾌한 것이나 유쾌한 것에 모두 동일하게 적용되어야 한다. 불쾌한 것은 가시를 가지고 있고, 이는 우리가 방심하는 틈을 타서 불가항력적으로 기습해 온다. 이를 깡그리 잊어버리려는 것은 불가능하다. 그렇기 때문에 망각의 기술은 역설적으로 회상하기 위해서 망각한다는 것으로 되어야 한다. 회상한다는 것은 잊어버린 어떤 것을 다시 떠올리는 것을 말한다. 그래서 무엇을 회상하기 위해서는 먼저 이 무엇을 망각하여야 하는 것이다. 망각의 기술은 단순하다. 그것은 어떤 일이나 관계에 있어서 "언제라도 달아날 수 있도록 자신 속에 보다 큰 운동량을 지니고 있으면 되는 것"이다. 다시 말해서 삶에서 자신의 실존을 구속하게 되는 밀착관계를 방지하고 어떤 것도 꽉 붙들고 늘어져서는 안 된다는 것이다. 세상의 어떤 것에서도 필요

이상으로 꽉 붙들고 늘어져서는 안 되는 이유는 단순하다. **그것은 어떤 것도 절대적인 가치를 가진 것은 없으며, 모든 것이 상대적인 가치만을 가지고 있기 때문이다.** 가령 돈이 지긋지긋하여 돈을 창밖으로 던져 버리는 사람의 경우에, 우리는 이러한 사람을 비난할 수 없다. 왜냐하면 돈이 가치 있는 것이라고 한다면, 그가 가치를 잃었기 때문에 잘못한 행위에 대해 충분히 벌을 받은 셈이고, 만일, 돈이 무가치한 것이라면 그의 행위는 그가 현명하다는 것을 말해 주기 때문이다. 이러한 원칙은 우정이나 사랑 혹은 결혼생활 혹은 단체가입 나아가 어떤 공직에 취임하는 것에서도 동일하게 적용된다.

어떤 것을 망각할 수 있는 비결은 이 어떤 것에 대한 기분을 미리 예감하는 것이다. 그것이 나에게 유발할 기분과 이 기분이 타인들에게 어떠한 영향을 미칠 것인가를 예감한다는 것은 이러한 기분이 유발할 불쾌감을 방지하는 데 매우 유용하다. 그 구체적인 방법은 '자의恣意'를 적절하게 사용하는 것이다. 즉 어떤 것에 대해서 직접적인 것을 즐기는 것이 아니라, 직접적인 것 속에 있는 전혀 별개의 것을 '자의적으로' 즐기는 것이다. 가령 전시회가 매우 지루하거나 무의미할 때, 관객들의 반응이나 그들의 거짓 감탄을 보며 사람들의 위선과 허위에 대해서 명상을 하며 전시회와는 전혀 별개의 기쁨을 가지는 것이다. 즉 비본질적인 것, 우연적인 것을 본질적인 것, 필연적인 것으로 바꾸어 놓고 감탄의 대상으로 삼는 것이다. 그렇기 때문에 삶의 현실성을 자의적인 관심으로 흩뜨려 버리는 기술은 정신건강에 매우 도움을 주는 것이다. 요컨대 자신의 완전한 자유를 실현하는 데 매우 도움이 되는 것이며, 이렇게 자의적으로 자신의 기분을 바꾸는 것이 곧 올바른 '윤작'이 되는 것이다. 자의적으로 자신의 기분을 바꿀 수 있기 위해서 요구되는 것은 단 한 가지 '제한의 원리'에 충실하면 된다. 우리 자신 속에 있는 '자의'는 외부세계의 우연적인 것에 상응하며, 우리가 준비되어 있기만 하다면 아주 하찮은 것에서도 우연히 즐거움을 주는 풍부한 자료를 발견할 수가 있다. 그래서 진정한 예술이란 아무것도 아닌 것에서 무한한 즐거움을 줄 수 있는 무엇을 산출하는 것을 말하며, **천재란 가장 무의미하며 우연적인 사건들에서 가장 큰 기쁨을 산출할 수 있는 영감을 발견하는 사람이다.** 이러한 천재의 영감에 비하면 가장 완전하게 구성된 이론도 빈약할 따름이다. 우리는 이러한 키르케고르의 사유에서 초현실주의 예술이념의 싹을 발견할 수가 있다.

6장
「유혹자의 일기」와 정신-심리학적인 분석

1. 「유혹자의 일기」의 성격과 내용

「유혹자의 일기」의 편집자는 빅토르 에레미타이며, 서문을 쓴 저자는 A라는 익명의 저자이고, 그리고 일기를 쓴 원저자는 '요한네스'로 되어 있다. 물론 이들은 모두 키르케고르의 분신들이다. A는 「유혹자의 일기」 역시 자신이 골동품 가게에서 산 책상 속에서 우연히 발견된 것이며, 원고의 원 제목은 『부질없는 수기』라고 되어 있다고 설명하고 있다. 그리고 그는 이 원고를 "어떤 특정한 목적을 가진 것이기보다는 자신에게만 의의가 있는 개인적인 것"이라고 말하면서, 본문을 소개하기 전에 서문을 통해 일기에 대한 평을 먼저 제시하고 있다. 이 일기가 가진 특징은 첫째, 이 일기가 매우 詩적인 것이라는 점이다. 즉 일기를 쓴 주인공은 비록 문학자는 아니지만 매우 문학적으로 자신의 삶을 기록하고 있으며, 이는 곧 자신의 삶을 향락하는 한 방편이라고 평하고 있다. 여기서 두 가지의 향락이 구분되는데 첫 번째 향락은 자신의 삶을 일기의 형식아래 문학적으로 묘사하고 표현하면서 현실에 존재하는 시적인 것을 즐기는 것이며, 두 번째 향락은 자신의 심미적인 인격을 즐기는 것이다. 전자의 경우는 삶 그 자체가 문제이고, 후자의 경우는 이러한 삶 안에서 형성된 자신의 인격이 문제이다. 즉 1단계의 결과가 정서라고 한다면 2단계의 열매는 일기이다. 이는 말하자면 우리가 살고 있는 이 현실세계는 실제로 보이고 경험되는 것이 있고, 또한 이러한 실제로 경험되는 세계의 이면에 존재하는 베일 속에 가려진 세계가 있는데 이 후자의 세계가 곧 일기를 작성한 주인공의 '의식의 세계' 혹은 '내면의 세계'이다. 따라서 일기라는 것은 현실세계를 살아가면서 이를 통해 한 개인의 내면 혹은 의식에 형성된 그만의 세계를 묘사해 놓은 것이라고 볼 수 있다. 우리는 여기서 별 어려움 없이 일기를 '의식의 세계' 혹은 '심리적 세계'라고 부를 수 있을 것이다. 이 후자의 세계는 현실의 세계보다 훨씬 우아하고 멋진 세계이지만, 이 후자의 세계에 너무 탐닉한 나머지 현실을 외면해 버리는 지경이 되면 이는 병적인 것이라고 할 수 있다.

일기를 쓴 장본인은 '요한네스'라고 하는 꽤 지적인 사람인데 그 나이는 알 수가 없다. 그가 사랑하였던 여성의 이름은 '코데리아'인데, 요한네스는 코데리아를 사랑하기는 하지만 처음에는 진심으로 사랑하기보다는 일종의 심미적인 호감과 매력에 빠져서 그의 주변을 맴돌며 그녀를 향락하고 있다고 볼 수 있다. 그녀에 대한 매력으로 인하여 그녀의 주변을 맴돌지만, 그녀에게 자신의 사랑을 고백하거나 하는 따위는 일절 하지 않는다. 그는 그녀가 전혀 알지 못하는 방식으로 그녀를 향유하고 있는데, 이를 위해서 그는 그녀의 숙모와 친분을 쌓고 그녀의 집안을 자주 방문한다. 코데리아의 남자친구인 '에드와르'와도 친구가 되고 그를 도와주기도 하고 그와 그녀 사이에서 중개인 역할도 한다. 즉 요한네스는 그녀의 숙모와 친분을 가진 건전한 이웃집 사람으로 그리고 코데리아에게는 친절하고 자비로운 조언자처럼 처신하며 이성 간의 에로스적인 것에는 전혀 관심도 없는 그러한 사람처럼 관계를 유지하고 있다. 그리고 그는 코데리아가 에드와르라는 청년과는 결코 어울릴 수 없는 여성이라고 여기면서 마침내 그녀가 에드와르에게 싫증을 내게 될 것이라고 생각한다. 여기서 요한네스의 목적은 코데리아의 여성다움이 순수하고 사랑스럽게 무르익고 정신적으로도 성숙하기를 바라는 것뿐이다. 말하자면 그리스식의 이상적인 여성성을 갖추기를 희망한다. 실제로 코데리아는 정신적으로 성숙해 감에 따라 점차 에드와르에게 싫증을 느끼고 요한네스에게 더욱 더 호감을 가지게 된다. 그리고 마침내 요한네스는 코데리아에게 청혼하고, 숙모도 코데리아가 요한네스와 약혼하도록 설득하는 데 성공한다. 하지만 요한네스는 약혼이 결혼으로 이어지는 것을 바라지 않는다. 약혼이라는 사건 또한 일종의 그의 전략이라고 할 수 있다. 자신이 사랑하는 그녀와 보다 분명한 어떤 사건을 통해서 그녀와의 관계를 공고히 하고 그리고는 마침내 그녀가 한 남자를 사랑한다는 것이 무엇인지를 깨닫게 되고, 진정으로 자신을 사랑하게 되기를 희망하는 것이다. 오히려 그렇게 된다면 약혼은 깨어지고 그녀는 비로소 자유로운 새처럼 날아가게 될 것이라고 생각하는 것이다. 일기의 마지막은 약간 모호하게 전개되고 있다. 요한네스는 일기의 중간 중간에 코데리아가 자신에게 보낸 편지와 자신이 코데리아에게 보낸 편지를 삽입하고 있는데, 이를 통해서 자신의 진정한 내심을 밝혀 보이고 있다. 마지막 편지에는 진정한 사랑이 어떤 것인가를 말하고 자신이 그녀를 진정으로 사랑하고 있다고 고백하고 있지만, 또한 일기의 마지막에는 그녀와 자신이 헤어졌음을 말하고 있고, 더 이상 그녀를 만나지 않을 것이며, 또한 더 이상 그녀가 자신의 마음을 빼앗지 못할 것이라고 맺고 있다. 이러한 헤어짐의 원인이 무엇인지, 이별 이후에 코데리아가 어떻게 되었는지에 대해서는 밝혀 주지 않고 있다. 다만 **이 헤어짐이 후회할 만한 것은 아니며, 요한네스는 자신과 그녀와의 만남에 대해서 감사하고, 자신을 통해서 그녀가 발전하였다는 것에 대해 고마워하고 있다.**

이상의 내용으로부터 우리는 「유혹자의 일기」에 대한 몇 가지 사실을 추정해 볼 수 있다. 이 일기의 내용이 키르케고르가 자신의 연인이자 약혼자였던 '레기네 올센'과의 관계에서 발생한 일과 매우 유사하다는 점에서 이 일기의 주인공은 바로 키르케고르 자신이거나 혹은 최소한 이 일기를 자신이 경험하였던 실제 사실에 근거하여 문학적으로 창작한 것이라는 사실이다. 이러한 관점에서 우리는 「유혹자의 일기」를 통해서 키르케고르가 지니고 있었던 '여성관,' '진정한 남녀 간의 사랑의 의미,' '이성 간의 사랑으로 상징되는 심미적인 실존의 본질적인 국면,' '심미적인 삶의 발전과정' 등에 대해서 이해할 수 있을 것이다. 즉 키르케고르가 자신의 실제 삶에서 발생하였던 사건(레기네 올센과의 연애)

을 일기의 형식을 빌려 자신의 내면을 분석하고 있다고 볼 수 있다. 이러한 분석이 심리적이고 정신적인 것이라는 측면에서 '정신-심리학적인 분석'이라고 부를 수 있을 것이다. 만일 이러한 분석이 전혀 현실세계의 실제사건과 무관한 것이라고 가정한다면 이는 '심리적 실험'이라고 불러야만 할 것이다. 하지만 '심리적인 실험'이라는 말은 철학적으로 볼 때 매우 비현실적인 말이다. 이는 말하자면 실제로 발생하지 않은 어떤 사건을 실제로 발생한 것이라고 가정하고 자신의 마음속에서 일어나는 일들을 분석한다는 것인데, 어느 모로 보나 현실 세계에서 실제로 발생하지 않은 가정된 사건이 실제로 자신이 경험한 사건과 동등한 현실성을 가지고 심리적인 상황을 유발한다고 볼 수는 없기 때문이다.

그리고 우리는 이 일기를 통해서 「유혹자」라는 용어가 의미하는 바를 분명히 이해할 수 있을 것이다. 심미적인 실존을 그 삶의 의미로 살아가는 사람에게 있어서, 남녀 간의 사랑이란 결코 결혼이라는 것을 통해서만 완성되어지는 것이 아니기 때문에 —왜냐하면 결혼이란 윤리적 실존의 사건을 의미하기에—, 앞 장에서 말하였던 '비애'의 의미로 끝날 수밖에 없는 것이다. 실제로 코데리아는 요한네스와 헤어진 후에 「그림자 그림」에서 소개되었던 세 명의 비애의 여성들과 동일한 갈등을 느끼고, 그 헤어짐의 원인이 무엇인지에 대해서 탐색하고 고뇌하고 있는 편지를 쓰고 있다. 하지만 만일 그 구체적인 원인을 찾고자 한다면 결국 비애의 원인이 되고 있는 '보다 상승된 실존을 지닌 사람 편'에 그 원인이 있을 것이며, 윤리적인 차원에서 보자면 책임성의 부재라는 측면에서 '유혹자'로 나타날 수밖에 없는 것이다. 다시 말해서 사랑을 결혼이라는 열매로 결실을 맺게 할 마음이 없으면서도, 아니 그것을 이미 알고 있으면서도 여성의 마음을 얻고자 하였고 마침내 여성의 사랑을 얻게 되었을 때, 그 사랑하는 이를 떠나 버린 것이다. 그래서 남성은 결국 '유혹자'로 보일 수밖에 없는 것이다. 하지만 이 일기에서 저자가 강조하고 있는 것은 유혹자라는 말은 결코 윤리적인 의미에서 선악의 의미를 가질 수 있는 용어가 아니며, 오히려 **유혹자로 인하여 한 여성이 여성적으로 성숙하고 진정으로 주체적이 되고 자유로운 영혼을 가지게 된다는 것이다**. 따라서 '유혹자'라는 말은 최소한 실존주의적 차원에서 매우 긍정적인 의미를 지니고 있는 용어라고 할 수 있다. 만일 여성 신비가들의 삶에 대해서 익히 알고 있는 독자라면 이 유혹자의 의미를 '한 영혼을 유혹하여' 일상의 세계로부터 영적인 세계로 이끌어 낸 '신의 섭리'에 비유하여 이해해 볼 수도 있을 것이다.

2. 심미적 의식과 투시의 능력

「유혹자의 일기」에 담겨 있는 글들은 저자가 말하고 있듯이 매우 詩적인 것이다. 다시 말해서 현실의 모호한 상황들을 함축적인 언어로 분명하게 떠올려 주고 있으며, 그 상황에 담긴 정신적인 의미들에 대해서 아주 명료하게 부각시켜 주고 있다. 이는 마치 복잡하고 모호한 산의 풍경에서 '소나무'나 '바위' 등을 추상해 내어 한 폭의 단순하고 명료한 '풍경화'를 제시해 주는 미술처럼 현실 속의 어느 상황을 전체 현실에서 떼어 내어 멋진 문장으로 요약해 주고 있는 것이다. 그렇기 때문에 이러한 문장들로 점철된 이 글은 하나의 문학작품으로 즉 독서하는 즐거움으로 접근해야 하며, 철학적 사상이나 이념을 도출하기 위해서 읽고자 한다면 그 진가를 제대로 알 수도 없거니와 지루하게 느껴질 수도 있다. 그럼에도 전체적으로 이 글은 사상이나 이념을 담고 있는 것이 분명하며, 특히 심미적 실존의 특성과 이상적인 심미적 실존의 모습에 대해서 잘 보여 주고 있다. 그 첫 번째가 '심미적으로 의식한다는 것'이다.

만일 심미적인 실존에서도 어떤 발전이 있다고 한다면, 심미적인 발전이란 무엇을 말하는 것일까? 이를 이해하기 위해서는 우선 심미적으로 살아간다는 것이 무엇인지를 살펴보아야 한다. '심미審美적' 혹은 '미학적'인 삶이란 말 그대로 '아름다운 것을 살펴서 찾는 삶'을 말하는 것이다. 즉 주어진 자연이나 세계에서 '아름다움'을 통찰하고 이를 향유한다는 의미를 지니고 있다. 물론 여기서 '아름다움'이란 하나의 상징적인 용어일 것이다. 우리의 마음을 건드리고 우리에게 매력을 주며, 우리를 감동하게 하는 일체의 것이 '심미적인 요소들'이기 때문이다. 이는 삶의 권태를 해결하는 가장 첫 번째 것이므로 이 역시 우리들이 발견해야 하고 향유해야만 하는 일종의 의무이다. 그리고 이러한 아름다움 역시 단순히 주어진 감각적인 것이라기보다는 우리의 감각에 의해 포착되고 우리의 정신에 의해 수용되고 동의되며, 우리의 실존을 풍요롭게 하며, 이렇게 발전된 우리들의 실존을 통해서 조금씩 진면목이 드러나는 것이라고 해야 할 것이다. 즉 **세계는 무한히 아름다운 어떤 것을 간직하고 있지만, 이를 포착하고 감탄할 수 있는 재능을 가진 사람에게만 그 아름다움을 보여 주며 실재가 되는 것이다.** 이러한 실존을 가정하지 않는다면 세계는 그저 물질의 덩어리요, 중립적으로 존재하는 무미건조한 것에 지나지 않을 것이다. 만일 천재들이라면 특별한 노력이 없이도 이러한 자연과 세계가 지니고 있는 아름다움들을 단김에 통찰할 수가 있겠지만 일반인들에게는 그렇지 않다. 대다수의 일반인들에게는 이러한 자연과 세계가 숨기고 있는 아름다움을 통찰하기 위해서도 많은 노력과 자기발전을 요하고 있다. 그렇다면 어떠한 방식으로 이러한 심미적인 실존이 발전하는 것인가?

심미적으로 발전한다는 것은 어떤 사물이나 사건을 다양한 방식에서 바라보고 생각할 수 있다는 것을 의미한다. 저자는 요한네스가 코데리아를 떠났을 때, 코데리아가 그를 미워할 수는 없었다고 하는데, 그 이유를 "그가 그녀로 하여금 그녀 속의 여러 가지를 동시에 생각하게 하는 반성의 작용을 발전시켜 놓았다는 사실"과 "허다한 음성을 동시에 들을 수 있게 만들 정도로 심미적으로 발전시켰다는 사실" 때문이라고 한다. 그리고 이러한 발전이 그녀로 하여금 '투시透視, clairvoyance'를 가능하게 하고 이를 통해서 요한네스를 이해한다고 말하고 있다. 그리고 이러한 '투시' 즉 '통찰'의 능력을 '심미적으로 의식하는 것'이라고 규정하고 있다. 우리는 여기서 심미적으로 의식하는 것이 왜 '투시의 능력'인가를 생각해 볼 수 있다. 심미적인 것은 이성적인 것과는 다른 차원의 것이다. 추론을 하는 이성은 본질적으로 '논리'에 기초하고 있으며, 여기에는 하나의 분명한 질서가 존재한다. 가령 수학적 연산이나 기하학적인 연산에는 두 가지의 다른 정답이 있을 수가 없다. 하지만 심미적인 것은 본질적으로 다양성에 기초하고 있으며, 심미적인 통찰은 하나의 귀결로 수렴될 수 없는 열려 있는 것이다. 가령 5월의 싱그러운 산이나 숲의 전경을 바라보고 있는 일군의 사람들이 통찰하는 숲의 모습이나 아름다움은 천차만별일 것이며, 여기서 가장 좋은 통찰이나 정답이 될 만한 통찰이란 것은 있을 수가 없다. 모네는 동일한 장소에서 동일한 '루앙의 대성당'을 무려 26점이나 그렸지만 그 어떤 그림도 동일하지 않았고, 그 어떤 그림도 루앙 대성당을 가장 잘 묘사하고 있거나, 루앙 대성당을 대표하는 그림이라고 할 수가 없었다. 루앙 대성당을 바라보는 모네의 심미적인 통찰은 다양한 시간, 다양한 날씨, 다양한 기분에 따라서 달라지고 다양한 분위기를 가진 다양한 그림을 가능하게 하였다. 이렇게 **하나의 대상이 지닌 아름다움을 통찰하기 위해서는 '다양하게 본다'는 것을 전제하는 것이다.**

어떤 사물을 다양하게 고찰한다는 것을 의미하는 '심미적인 의식'이 '통찰'의 능력을 야기한다는 것은 논리적인 것이다. 왜냐하면 특수한 천재적인 재능을 가지지 않은 사람에게 어떤 사물이나 사건의 핵심 혹은 본질을 이해한다는 것은 이 어떤 것을 다양한 방식으로 고찰한 다음에라야 가능하기 때문이다. 그래서 어떤 대상의 아름다움을 통찰하고 향유하기 위해서는 이 대상과의 일정한 간격을 유지하여야 한다. "육안에 아름답게 보이는 것이란 우리가 껴안는 순간 사라지고 마는 것이다." 아름다운 장미가 가진 본질을 알기 위해서 장미를 분해한다면 아름다움은 더 이상 존재하지 않게 된다. 마찬가지로 아름다운 목소리를 가진 꾀꼬리 음성의 비밀을 밝히기 위해서 꾀꼬리를 해부한다면 더 이상 꾀꼬리의 아름다운 목소리를 들을 수 없게 된다. 이처럼 **아름다움이란 소유에 대립하는 것이며, 무엇을 소유한다는 것은 아름다움을 포기하는 것과 같은 것이다.** 이러한 차원에서 '아름다움'은 일종의 초월적인 어떤 것이다. 그리고 이러한 아름다움의 초월성은 한 인간에게서 그 진가를 백분 발휘하고 있다. 요한네스는 그의 일기에서 코데리아의 아름다움에 대해서 세상에서 표현할 수 있는 모든 언어를 동원하여 극찬을 하고 있다. 그녀의 얼굴과 피부, 그녀의 눈과 입술, 그녀의 이마와 날씬한 손 등 모든 것에 매료되고 있다. 그녀의 타원형의 얼굴과 그녀의 싱그러운 자태, 그녀의 쾌활한 성격 등 모든 것에 매료되고 있다. 이렇게 그녀에 대한 찬사는 일기의 여기저기서 반복되고 있다. 하지만 요한네스는 이러한 자신의 내면을 철저하게 숨기고 있다. 그녀에게 자신의 감정을 표현하거나 그녀의 손을 잡는다거나 하는 따위의 생각은 감히 하지 못하고 있다. 그는 다만 그녀의 주변에서 그녀의 아름다움을 향락할 뿐이다. 그는 다만 "옛날의 기사騎士처럼 젊은 처녀에게 원조를 아끼지 않는 선량한 사내"가 되고자 할 뿐이다. 물론 요한네스 역시 그녀를 소유하고자 하는 욕구를 즉 "도저히 선량하다고는 할 수 없는 방법으로 그녀의 손을 꽉 쥐고자 하는 욕구"를 느낀다. 하지만 그는 "자중이 온갖 향락의 주요 구조요건(이것이냐1, 554)"이라는 것을 잘 알고 있다. 만일 그가 여느 애인들처럼 그녀와 성급한 연애에 빠지게 된다면 그녀가 가진 그 아름다움은 일순간 사라지고 말 것임을 그는 잘 알고 있었다.

그는 서로 사랑하는 연인들의 '랑데부(만남)'가 가장 아름다운 순간으로 생각하는 것에는 환상이 뒤섞여 있다고 생각하고 있다. 그가 목격한 두 연인의 만남에서 그는 매우 아름다운 두 사람을 보았지만 오히려 그 만남은 매우 불쾌한 인상을 주었다고 고백하고 있다. 만남의 순간에 얼이 빠져 오로지 사랑의 헛소리를 중얼거리는 두 남녀가 그로 하여금 부아를 치밀게 하였다고 한다. 왜냐하면 아름다움을 향락할 재능도 없이 그 만남을 통해서 추잡한 혼란만을 일으켜 놓았다고 생각하기 때문이다. 여기서 우리는 젊음이 가진 아름다움에 대해서 생각해 볼 수 있다. 젊음은 젊다는 그 이유만으로 어떤 형언할 수 없는 아름다움을 간직하고 있다. 하지만 아름다움은 향유하는 것이지 소유하는 것이 아니다. 아름다움이 소유되게 되면 더 이상 아름다운 것이 아니다. 그렇기 때문에 아름다운 젊은 연인이 '연애사건'을 통해서 그들의 아름다움을 상실하게 된다는 것은 쉽게 상상할 수 있는 일이다. 아름다움은 성장하여야 한다. 젊음의 아름다움은 중년의 아름다움으로 성장하여야 하고, 중년의 아름다움은 또한 노년의 아름다움으로 성장하여야 한다. 육체적 아름다움은 정신적 아름다움으로 성장하여야 하고, 정신적 아름다움은 영적인 아름다움으로 성장하여야 한다. 아름다움은 다만 감각적인 것이 아니라, 정신적이고, 영적인 것으로 성장하여야 하는 무엇인 것이다. 그래서 요한네스는 "속된 사랑도 그리워하는 처음 단계의 기분은 신비이다"라고 말하고, "헌신이 있어야만 애인은 아름다워진다"라고 말하며, 또한 "그녀 속에 있는 신성할 정도로 풍부한 자질 전체"에 대해 말하고 있는 것이다. 이는 요한네스가 코데리아를 다양한 방식 다양한 각도 다양한 기분 다양한 지평에서 향유하면서 마치 '코데리아'라는 한 인격의 총체가 가진 아름다움을 통찰하였다는 것을 말해 주고 있다. 그래서 그는 "**나의 영혼을 사로잡는 것은 단 하나의 美가 아니라 전체로서의 아름다움인 것이다**(이것이냐1, 557)"라고 말하고 있는 것이다. 요한네스는 코데리아로 인하여 다시 한 번 '심미적인 의식'을 가지게 되었고 그녀의 진정한 아름다움을 통찰할 수 있는 투시의 능력을 가졌던 유일한 사람이었던 것이다. 그리고 이러한 사실을 통해 우리는 레기네 올센에 대한 키르케고르의 심정을 잘 이해할 수가 있는 것이다.

3. 이성 간의 사랑의 의미와 키르케고르의 여성관

키르케고르*에게 있어서 남녀 간의 사랑의 의미란 무엇일까? 그것은 단순히 누구를 좋아한다는 것과는 차원이 다른 것이다. 사랑하는 사람을 발견한다는 것, 그것은 그의 온 존재를 집중하게 하고 그의 내면을 송두리째 뒤흔드는 일생일대의 사건이다. 그(그녀)를 생각하지 않는다는 것은 있을 수가 없으며, 그(그녀)를 마음속에서 그리워하지 않는다는 것은 불가능하다. 그것은 우선적으로 심미적인 것이며, 하나의 우연이고 은총이다. 그렇기 때문에 이 사랑의 원인이나 실체를 설명한다는 것은 남에게도

* 우리는 여기서 '일기'의 주인공인 요한네스가 사실은 키르케고르 자신임을 인정하고 일기 속에서 표현되고 있는 사랑과 여성에 대한 관점들을 키르케고르의 관점으로 고려하고 있다.

자신에게도 불가능한 것이다. 그래서 그는 이를 "불가분의 통일체(이것이냐1, 556)"라고 하고 이러한 '우연'이 세상에 존재하지 않는다면 세계는 지루해서 굳어져 버릴 것이라고 한다. 아마도 우리는 '우연'이라는 키르케고르의 용어를 '신비'라는 용어로 환원한다면 더욱 좋을 것이다. 사랑은 "어떠한 기술을 갖고서도, 또 어떠한 학문을 갖고서도 획득할 수 없는 그 무엇이고, 그것은 하나의 은총이다(이것이냐1, 564)." 그래서 그는 2부의 「결혼의 심미적 타당성」에서는 첫사랑을 "무한성 내지 선천성"이라고 표현하고 있다. 여기서 우리는 '자신의 반쪽을 발견하게 되는 것'이라는 플라톤의 사랑의 개념을 떠올릴 수 있다. 물론 키르케고르의 사랑에 대한 관점이 플라톤의 그것과 동일하지는 않겠지만, 충분히 그렇게 비유해 볼 수 있을 것이다. 그렇기 때문에 세상에서 자신의 사랑을 발견한다는 것은 가장 열정적인 것 중의 하나이다. 사랑하는 이는 자신이 사랑하는 대상으로 인하여 이루 말할 수 없는 내적인 동요와 격동을 느끼게 된다. 코데리아를 발견한 요한네스는 마치 비로소 자신의 본질을 발견한 것인 양 기뻐한다. 그는 그 기분을 연못의 한가운데 있는 나룻배에 누워 하늘을 보며 흔들리는 물결의 감미로움을 느끼던 것에 비유하고 있다. 그는 다음과 같이 노래하고 있다.

이런 설레는 격동이야말로 나의 본질이다.

이런 흔들리는 물 위에 떠서 흔들리는 즐거움을 뭐라고 형언할까? 온전히 자기 자신 속에서 흔들리는 즐거움이 그 얼마나 즐거운 것임을 누가 알 것이냐!(이것이냐1, 545)

우리는 이러한 요한네스의 마음이 '레기네 올센'을 만났을 때의 키르케고르의 마음을 표현한 것임을 믿어 의심치 않는다. 그는 자신의 사랑을 발견한 이후에 드디어 자신의 권태가 해결된 것처럼 생각하였고, 이후 그는 "그녀는 나의 생명"이라고 말할 만큼 그 자신의 삶의 의미가 된다. 그리하여 사랑의 설렘은 그의 모든 실존을 채운다. 그는 이제 "내가 두려워하는 것은 단 하나 지루한 것, 권태뿐이다(이것이냐1, 551)"라고 말한다. 그가 그녀 안에서 발견한 자신의 권태를 해결해 줄 수 있는 그것은 무엇인가? 이것을 한마디로 말한다는 것은 불가능하다. 왜냐하면 이는 어떤 의미에서 실체적인 것, 불가분의 통일체, 그녀 자신은 아니지만, 그녀가 지닌 가장 본질적인 어떤 것이기 때문이다. 키르케고르는 이를 자연이 베풀어 준 '존엄한 것Venerable'이라고 말하고 있다. "나는 자연이 베풀어 준 존엄한 것으로서가 아니면 젊은 처녀에게 접근하는 일이 없고, 또 무엇보다 앞서 나는 처녀에게 배우고 있다(이것이냐1, 667)." 그런데 사랑하는 대상에게서 그가 배우고 있는 것은 또 무엇일까?

바로 이 '배운다는 것'이 키르케고르로 하여금 '사랑의 탁월한 효력성'을 말해 주는 것이다. 사랑받는 이는 사랑하는 이로 하여금 '자기 자신'을 깨닫게 해 주고 자신의 진정한 본질을 발견하게 한다. 그는 "이렇듯이 당신의 눈은 나의 마음속에서 나 자신을 발견할 수 있도록 나를 가르쳐 주었습니다"(이것이냐1, 697)라고 말하고 있다. 이는 '타인에게 진입함으로써 자기 자신에게 더 잘 진입할 수 있다'는 가브리엘 마르셀의 '상호주관성'을 말해 주고 있는 것 같다. 토마스 아퀴나스는 '인격persona이라는 그 정의가 말해 주듯이, **모든 개인들은 이미 자신의 인격 안에 무한한 어떤 가능성을 포함하고 있지만, 이를 발견하고 실현하도록 할 수 있는 사람은 오직 그를 진정으로 사랑하는 이뿐'이라고** 생각하였는데, 이러한 원리는 키르케고르에게 있어서 남녀 간의 사랑에서도 예외가 아니다. 그는 다음과 같이 말하고 있다.

> 그녀 속에 있는 신성할 정도로 풍부한 자질 전체, 바로 그것을 꽃피울 수 있다. 나야말로 그것을 성취할 수 있는 소수의 인간 중의 한 사람이다. 그리고 그녀 역시 그런 노고를 해도 아깝지 않을 소

수자 중의 한 사람인 것이다. 그러고 보면 우리는 서로 어울리는 짝이 아닐까?(이것이냐1, 667)

이렇게 본다면 사랑하는 이를 발견한다는 것은 단 한 번만 주어지는 일은 아닌 것 같다. 누군가 그녀(그)가 지닌 무한한 가능성을 발견하고 그녀(그)에게서 무한한 아름다움을 발견할 때, 그(그녀)는 그녀(그)를 사랑하지 않을 수 없게 된다. 그리고 사랑하는 이는 사랑받는 자의 이 가능성을 실현하는 데 온 힘을 기울여야만 하는 책임성을 가지게 된다. 이 책임을 성실하게 수행하는 것이 곧 그녀(그)를 사랑한다는 의미이다. 그래서 키르케고르는 그녀가 지닌 아름다움은 자연의 은사이지만, "그녀의 발전은 나의 공적이다"(이것이냐1, 777)라고 말하고 있는 것이다. 토마스 아퀴나스가 "사랑이란 사랑받는 자의 선善을 갈망하는 것"이라고 하였는데, 이는 키르케고르에게 있어서도 마찬가지다. 그리고 키르케고르는 '사랑하는 이의 선을 실현한다는 것'의 구체적인 의미나 그 방법에 대해서도 분명하게 말하고 있다.

그녀의 마음은 가능한 한 온갖 방향에서 동요를 받고 뒤흔들려야만 한다. 물론 그렇다고는 하지만 산발적으로 돌풍에 휘말리는

> 것이 아니라 총체적으로 뒤흔들려야만 한다. 그녀는 무한한 것을 발견하고, 그 무한한 것이 인간의 손에 가장 가까이 있다는 것을 경험해야 한다.(이것이냐1, 678)

위의 진술에서 우리는 '첫사랑을 겪는 개인들은 종교적으로 발전하게 된다'는 키르케고르의 말을 이해할 수 있다. 한 인격이 가진 무한한 가능성은 마치 아직 포맷되지 않은 슈퍼컴퓨터처럼 잠들어 있는 실존이다. 마치 컴퓨터의 메모리를 포맷하듯이 이 실존을 흔들어 깨운다는 것, 이를 키르케고르는 "무한성의 운동을 겪는 일"이라고 말하고 있다. 그리고 이러한 일이 성취되었을 때, 그때가 그의 책임성이 완수되는 때이며, 그는 "그때야말로 나의 봉사, 나의 일은 끝나는 것이다"(이것이냐1, 680)라고 말할 수 있게 된다. **한 인간에 대한 이러한 무한한 책임성을 가진다는 것, 이것이 남녀 간의 사랑에서 유발하게 하는 사랑의 의무, 즉 사랑의 윤리적인 측면이라고 할 수 있다.** 이 사랑의 의무가 너무나 소중한 것이어서 그는 신중해질 수박에 없다. 그는 이러한 그의 의무와 책임성에 대해서 절대로 상대방에게 드러내지 않는다. 왜냐하면 그가 느낀 이 동일한 감정을 사랑받는 이는 느낄 수가 없기 때문이다. 요한네스가 약혼을 청하였을 때조차 코데리아는 다음과 같이 말하고 있다. "나는 정말이지 뭐가 뭔지 통 알 수가 없어. … 그는 이상한 힘으로 나를 끌어당기지만, 그렇다고 해서 내가 그이를 사랑하고 있는 것은 아니야(이것이냐1, 648)." 그래서 엄밀하게 본다면 코데이라에 대한 요한네스의 사랑은 일종의 짝사랑에 불과하고, 레기네 올센에 대한 키르케고르의 사랑 역시도 이와 다른 것이 아니다. 어쩌면 이러한 사랑의 불균형은 서로 다른 실존의 지평에 존재하는 두 사람에게서는 피할 수 없는 것이거나 아니면 최소한 일반적인 현상이며, 그래서 심미적인 실존에 있어서의 사랑은 흔히 '비애'를 낳을 수밖에 없다는 것도 사실인 것이다.

키르케고르가 레기네 올센을 사랑하였지만, 레기네 올센은 키르케고르가 그녀를 사랑한 것과는 전혀 다른 의미에서 사랑하였다는 것이 일기를 통해서 드러나고 있는 사실이다. "이 사랑 속에서야말로 자신의 의미가 있다고 그녀가 의식할 때 비로소 그녀는 그 사랑을 나를 사랑하는 일에 돌린다.(이것이냐1, 651)" 그렇다면 만일 레기네 올센이 키르케고르가 자신을 사랑하듯이 키르케고르를 사랑하였다면 그들의 약혼은 결혼으로 이어질 수 있었을 것인가? 아마 그렇지 않았을 것이다. 왜냐하면 레기네 올센 역시 동일한 사랑의 의미를 알게 되는 순간 이는 이미 최소한 심미적 사랑에 있어서는 사랑의 의무가 완수되는 순간을 말하는 것이며, 사랑의 완성이란 곧 사랑의 끝을 말하는 것이기 때문이다. 결혼은 윤리적인 사건이며, 여기에서는 순수하게 심미적인 차원의 사랑이 불가능하다. 왜냐하면 결혼이란 일종의 사회적 차원의 일이며, 이는 순수한 심미적인 사랑의 범주를 떠나는 일이기 때문이다. 그래서 요한네스는 약혼한 이후에 약혼이 결혼으로 이어지기보다는 진정한 사랑을 위해서 깨어져야만 하는 것임을 암시하는 편지를 보낸다.

> "나의 코데리아! 사랑은 비밀을 사랑합니다 — 약혼은 밖으로 드러내는 일입니다. 사랑은 침묵을 사랑합니다 — 약혼은 공공연하게 알리는 일입니다. 사랑은 속삭임을 사랑합니다 — 약혼은 소리 높여 외치는 선전입니다.(이것이냐1, 672)"

그래서 심미적인 사랑은 약혼이나 결혼을 통한 일치라는 것을 거부할 수밖에 없다. 그래서 '비애'라는 것도 따지고 보면 '윤리적 지평'에서 본 판단일 뿐, 심미적인 실존의 차원에서 '슬픔'이니 '불행'이니 하는 것은 사랑이라는 그 개념 자체에 적합하지 않은 언어이다. 왜냐하면 심미적인 실존에 있어서도 실존하는 사람에게는 진정으로 '사랑하고 있다는 그 자체,' '사랑하고 있는 그 사태'가 일종의 절대적인 가치와 의미를 가진 것이기 때문이다. 그래서 합법적으로 혹은 공개적으로 한 몸이 되는 '약혼'이나 '결혼'은 윤리적인 사건이며 이미 심미적인 실존과는 다른 지평에서 발생하는 사건이다. 심미적인 실존에 있어서 사랑한다는 것은 오직 서로가 진정으로 사랑할 수 있는 그것만이 문제가 되고, 이렇게 될 수 있도록 모든 노력을 다하는 일이다.

만일 심미적인 사랑이 결혼으로 나아가지 않고, 그 완성을 지향한다고 한다면 어떻게 될 것인가? 그것은 사랑하는 자의 자아를 완성하는 일이요, 일종의 소극적 의미의 영원성을 획득하는 일이다. 요한네스는 "사랑이 얼마나 나를 지배하고 있는가를 보고, 나의 감동을 보면, 사랑은 믿을 만한, 그리고 사랑이란 영원한 힘이라고 믿을 만한 용기를 얻게 될 것이다"(이것이냐1, 665)라고 말하고 있다. 그는 이러한 자신의 사랑의 힘이 코데리아를 자유롭게 할 것이라고 말한다. "나는 그녀를 사랑할 수 있기 때문에 그녀를 자유롭게 하는 것이다(이것이냐1, 665)." **실존주의적인 의미에서 누구를 자유롭게 한다는 것은 그를 주체적이 되도록 한다는 것이며, 자존自存하도록 한다는 것이며, 문학적으로 말해 구원한다는 것을 의미한다.** 그렇기 때문에 이는 곧 한 개인을 절대자 앞에 나서게 한다는 의미를 함의하고 있다. 그래서 "첫사랑을 겪는 개인들은 종교적으로 발전한다"는 말은 단지 은유적인 말이 아니다. '사랑하는 것을 배운다'는 것이 만일 순수하게 혹은 절대적으로 말해진다면, 이는 사랑하는 이를 위해서 나 자신이 無가 되는 것을 배운다는 것이다. 비록 그 대상은 단 한 사람에 국한될 뿐이지만 남녀 간의 이성적인 사랑도 그 원리에 있어서는 보편적인 사랑 즉 아가페적인 사랑과 동일한 것이다. 즉 사랑하는 대상을 위해서 자신을 헌신한다는 것이며 자신의 존재를 증여한다는 것이다. 그리고 이는 곧 자기-부정이라는 최고의 삶의 경지이다. "세상의 범속한 눈에는 극단적인 에고이즘의 표현으로 보이는 것도, … 당신의 거룩한 눈에는 가장 열광적인 자기부정의 표현으로 보일 것입니다." 이러한 자기 부정은 이미 아가페적 사랑의 경지이며, 이는 사랑하는 한 개인을 통해서 세계를 사랑하는 것과도 같다. 그래서 그는 "당신을 사랑한다는 것은 세계를 사랑한다는 것이 아닐까요?"라고 묻고 있다. 그것이 어떤 이름을 가진 사랑이든 사랑이 순수하게 될 때, 혹은 사랑이 진정한 것이 될 때 여기에는 전적인 헌신 즉 자기 부정의 역설이 깃들어 있다. 사랑하는 이의 자아가 사랑받는 이의 자아에 녹아들어 사랑하는 이의 자아는 無가 되고, 사랑받는 이와 사랑하는 이 사이의 간격은 소멸된다. 그래서 이 사랑이 멈추어질 때, 그는 더 이상 자신도 사랑하지 않는 것이 된다. 사실 이러한 사랑은 현실에서는 매우 보기 드문 낭만적인 사랑이며, 종교적 영역에서 신비가들이 추구했던 그러한 사랑이다. 어쩌면 우리는 키르케고르가 너무나 이상적인 사랑, 완전한 사랑을 추구하였기에 오히려 레기네 올센에 대한 사랑을 상실하고 말았다고 추정해 볼 수도 있을 것이다. 하지만 반드시 그렇지는 않다. 보다 그럴 듯한 생각은 일기 속의 요한네스처럼 키르케고르 스스로가 레기네 올센과의 관계를 포기하였다는 것이 옳을 것이다. 그 이유는 사랑의 완성 혹은 완전한 사랑이란 영원성을 선취하는 것과 맞닿아 있기 때문이다.

사랑이 완전한 것이 된다는 것은 사랑의 그 원리에 의해서 더 이상 두 존재 사이의 분리가 있을 수 없는 사랑이며, 이는 일종의 영원한 사건이 된다. 하지만 시간의 세계에서 영원한 것이 존재할 리가 없다. 그래서 한편으로 영원한 사랑을 갈망하지만, 다른 한편으로 이러한 사랑이 보장되지 않는다는 사실은 곧 심미적인 실존의 사랑에 있어서의 비극적 측면이라고 할 수가 있다. 코데리아에게 보낸 편지 글에는 요한네스의 이러한 심정이 잘 드러나 있다.

"그렇다면 도대체 자기가 갖고 있는 것을 그리워할 수가 있을까요? 암요, 그럴 수가 있습니다. 다음 순간에는 그것을 갖지 못하게 될 것이라고 생각될 때 그럴 수가 있는 것입니다. 나의 그리움이란 영원한 초조인 것입니다.(이것이냐1, 685)"

이 세상에서 영원한 것이 존재할 수가 없다는 것, 그렇기 때문에 그의 사랑도 언젠가는 끝장날 수 있다는 것, 이것이 그로 하여금 불안하고 초조하게 한 것이다. 그래서 그는 자신이 코데리아를 떠날 수밖에 없는 이유를 다음과 같이 밝히고 있다.

"내가 영영세세토록 살아남고, 어떤 순간에도 당신은 나의 것이라는 확신을 갖게 되면, 그때야말로 나는 당신에게 돌아가서 영원토록 당신과 더불어 살아가려고 합니다.(이것이냐1, 685)"

물론 신실한 신앙인이라면 사랑하는 두 사람이 신의 사랑 안에서 서로 하나가 되는 것을 상상하면서 이러한 영원한 사랑이 이미 이 시간의 세계, 이 지상의 삶에서도 가능할 수 있을 것이라 상상할 수도 있을 것이다. 미리 언급하자면, 키르케고르는 2부 1장 「결혼의 심미적 타당성」에서는 결혼을 통하여 이러한 사랑의 완성이 가능하다고 말하고 있으며, 오히려 결혼의 궁극적인 목적이 여기에 있다고 생각하고 있다. 그리고 우리는 이러한 가능성을 요한네스의 편지에서도 발견할 수 있다.

"나는 당신에게 관계되지 않은 일체의 것을 망각하였습니다. 그러자 나는 고색이 창연하고 거룩할 만큼 싱싱한 본래의 글을 발견하였고, 동시에 당신에 대한 나의 사랑이 나 자신의 연령과 꼭 같은 연령이라는 사실을 발견하였습니다.(이것이냐, 697)"

자신의 사랑이 자신의 연령과 꼭 같다는 말은 논리적으로 보자면 모순이다. 왜냐하면 누구도 탄생과 더불어 어떤 한 개인을 사랑할 수는 없는 일이기 때문이다. 따라서 우리는 이러한 요한네스의 고백에서 심미적인 사랑도 그것이 '진정한 사랑'이라면 이는 곧 신의 섭리라고 하는 —절대적인 선택은 이미 섭리와 관련된 것이다— 키르케고르의 생각을 읽을 수 있다. 즉 사랑이란 운명적인 것, 탄생과 더불어 이미 신이 정해 준 것이라는 일종의 영원한 것과 관계된 사건이라는 것이다. 아니면, 사랑이 진실로 자신의 모든 실존을 차지하게 될 때는 모든 시간적인 것이 무의미하게 되어 버리고, 영원한 지평에 거하게 된다는 것을 말하는 것이다. 말하자면 한 인간에 대한 사랑일지라도 그것은 진정한 것 혹은 절대적인 것이 될 때, 우리는 신적 사랑을 체험하게 되는 것이다. 그래서 그는 10장의 「인격형성에 있어서 심미적인 것과 윤리적인 것의 균형」에서는 "구원은 여성으로부터 온다"라고 말하며 또한 "세상에서 길을 잃고 있는 남성 100명 중에서 99명의 남성은 여성에 의해서 구원을 받고, 그중의 한 사람만이 직접적인 신의 은총에 의해서 구원을 받는다(이것이냐2, 402)"고 말하고 있는 것이다.

우리는 이러한 키르케고르의 이성 간의 사랑의 개념에서 보편적인 사랑의 개념을 도출해 낼 수가 있다. **사랑이란 사랑하는 대상을 나에게 속하게 하는 것이 아니라, 내가 사랑하는 이에게 속하게 된다는 것, 즉 사랑하는 자에게 나의 모든 존재를 증여한다는 것이다.** 그래서 사랑은 진정한 헌신의 의미를 가진 것이다. 이러한 원리는 '나의 신'에게도, '나의 고향'이나 '나의 직업,' '나의 그리움'이나 '나의 희망'에도 동일하게 적용되는 것이다.

키르케고르의 '여성관'을 생각할 때, 우리는 그의 '사랑의 이론'과 불가분하게 연관되어 있음을 알 수가 있다. 여성에 대한 그의 사유는 사실상 '보편적인 여성,' 즉 '남성에 대한 여성'이라는 '젠더'의 의미가 아니라, 그가 사랑했던 여성, 그가 개별적으로 갈망한 여성의 상像을 말한다고 할 수가 있다. 왜냐하면 그가 여성에 대해 규정하는 모든 규정들이 그가 사랑하였던 한 여성에 대한 체험에서 비롯된 것이며 이 개별적인 여성의 이상적인 상像을 말하는 것이기 때문이다. 하지만 여전히 여기서 우리는 '한 개인에게 절대적으로 진실한 것은 만인에게 진실하다'는 실존주의적인 원리를 적용해 볼 수 있을 것이다. 즉 진정으로 한 여성을 사랑해 본 적이 있는 사람만이 참으로 여성에 대해 규정할 수 있다는 것이다. 따라서 우리는 키르케고르의 여성관을 통해서 일반적인 하나의 여성상 혹은 실존주의의 여성상이라는 여성에 대한 이상적인 관념을 도출해 볼 수도 있을 것이다.

여성과 남성에 대한 전통적인 관점은 일반적으로 여성은 매우 감성적이고 남성은 매우 이성적이라는 것이다. 반면 키르케고르는 남성이 이성적이라는 점에는 동의하지만 여성이 감성적이라는 말에는 동의하지 않는다. 그가 여성에 대해 가장 분명하게 고찰하고 있는 것은 여성은 본성적으로 매우 공상적이라는 것이다. 그는 "공상이란 자연이 준 아름다운 여성의 화장품이다"(이것이냐1, 684)라고 말하고 있다. 공상적이라는 말은 비-합리적, 비-논리적인 것을 의미하지만 키르케고르가 이 말을 사용할 때는 '비약적인' 혹은 '도약적인'이라는 의미를 부각시키고 있다.

즉 합리적이지 않기 때문에 낙관적이고 희망적인 특성을 가지고 있다는 것을 의미한다. **즉 여성은 특유의 공상적인 기질로 인하여 불가능한 것을 가능한 것으로 바꾸는 능력을 가진 사람들이다.** 그는 "이 세상에서 나를 놀라게 할 수 있는 유일한 것은 젊은 처녀뿐이고, 젊은 처녀야말로 나를 놀라게 할 수 있는 최초인 동시에 최후의 존재이기 때문이다"(이것이냐1, 697)라고 말하고 있는데, 자신을 놀라게 하는 이 점은 바로 '공상'을 통해 도약을 가능하게 하는 점이다. 그래서 그는 젊은 여성들이 무서워하는 것을 '정신'이라고 말하고 있다. 왜냐하면 "정신은 젊은 처녀가 지닌 여성 전부를 규정해 버리기 때문이다." 즉 정신은 모든 것을 합리적이고 이해할 만한 것으로 규정해 버리기 때문에 여성들이 가진 '공상'을 제거해 버리는 것이다. 그리고 이러한 비-이성적인 특성은 종교적인 성향에 적합한 것이다. 왜냐하면 그에게 있어서 종교적인 것은 무한한 것 혹은 절대적인 것에 대한 관계성을 의미하기 때문에 본질적으로 이성적이거나 합리적인 것을 초월하는 것을 말하기 때문이다. 그는 "젊은 처녀는 어디에서 어디를 향하건 주위에 무한한 것을 갖고 있고, 또 그 무한한 것으로의 이행은 하나의 비약이다"(이것이냐1, 678)라고 말하고 또 "그녀는 땅 위에 움츠리고 있어서는 안 된다. 하늘에서 떠돌아야 한다. 걷지를 않고 날아가야만 한다"고 말하고 있다.

여성에 대한 그의 두 번째 관점은 여성이란 '근본적인 것' 혹은 '본래적인 것'에 대해 천부적인 특성을 가진 사람들이라는 점이다. 여성이란 본성적으로 자기 자신에게 골몰하는 특성이 있다. 하지만 대다수의 처녀들은 이를 쉽게 망각하고 만다. 그래서 "젊은 처녀가 그렇게 전적으로 고독하게 살고 있다는 것, 바꾸어 말하면 젊은 처녀가 전적으로 자기 자신에 몰두하고 있다는 것, 이런 일은 심상한 일이 아니다(이것이냐1, 587)"라고 말하고 있다. 이렇게 자신의 본성적 특성을 순수하게 간직한 여성이란 마치 수수께끼 같은 인상을 준다. 그래서 이러한 여성에게는 "아무것도 원하지 않는 한없이 깊은 동경이 감돌고 있다. 그녀는 하나의 수수께끼였다. … 이 수수께끼에 비하면 외교관들의 모든 비밀도 아무것도 아니다." 즉 여성이란 이성적이고 합리적으로 생각할 때는 도무지 '이해할 수 없는 신비한 존재'로 보이는 것이다. 키르케고르는 자신은 "거리에서 만난 처녀가 던지는 미소에는 천금이라도 아끼고 싶지 않지만, 파티에서의 악수에는 한 푼도 지불하고 싶지가 않다"라고 말하고 있다. 왜냐하면 파티에서 만난 처녀란 "언제나 필요불가결한 조건인 원시성原始性이 결핍되어 있기 (이것이냐, 552)" 때문이다. 파티나 무도회 같은 곳에서는 타인의 시선을 의식하고 공동체가 요구하는 규범적 질서에 부합해야 하기 때문에 자기-자신을 숨기기 일쑤다. 그래서 이러한 곳에서는 여성이 "본래의 자기 본령本領"을 발휘하기 어려운 것이다. 그래서 젊은 여성에게 꼭 필요한 것은 적절한 고독이다. 세상과 어느 정도 거리를 두고 자기 자신에게 몰입한다는 것은 남성보다는 여성에게 훨씬 "본질적으로 소중한 일"인 것이다. 자기 자신에게 만족할 수 있다는 것, 이것이 여성에게 준 자연의 지참금이며, 키르케고르는 이러한 지참금은 왕녀의 지참금에 비길 만한 것이라고 말하고 있다. 키르케고르는 자신이 사랑한 여성 레기네 올센에 대해서 요한네스의 입을 빌려 다음과 같이 칭찬하고 있다.

> 그녀는 세상과는 아주 동떨어져 살고 있다. … 그녀는 이 세상의 환락을 모르고 있고, 또 환락 끝에 오는 싫증과 권태와도 인연이 멀다. 그녀는 기품이 있고, 다른 처녀들이 기뻐하는 것을 멸시하고 있다. 지당한 일이다. … 왜냐하면 현재 그녀는 더할 나위 없을 정도로 여성적이기 때문이다.(이것이냐1, 579)

물론 이러한 키르케고르의 여성에 대한 인식은 모든 이들이 공감하는 것은 아닐 것이다. 다만 이는 키르케고르 자신이 경험한 여성다움에 대한 인식일 것이며, 그럼에도 우리는 여성다움의 특성에 이러한 '자기-자신에 대한 칩거와 만족'을 빼놓을 수는 없을 것이다. 왜냐하면 이러한 자신에게로의 칩거가 '내면성'이라는 주제로 등장할 때, 이는 신비가들의 고유한 특성이며, 역사상 여성 신비가가 남성 신비가보다는 압도적으로 그 수가 많기 때문이다.

여성이 자기 자신에 대해 골몰하고 자신에 대한 만족을 추구하고 있다는 사실로부터 여성은 본성적으로 자부심이 강한 존재이다. 그래서 그는 "그녀의 마음을 끄는 것은 남들 앞에서 자부심이 강한 독립성이고 사막의 아랍인들이 갖고 있는 것과 같은 자유인 것이다(이것이냐, 622)"라고 말하고 있다. 그런데 키르케고르에게 있어서 이러한 '내면성'이나 '자부심'은 여성다움이 그 진가를 발휘하기에는 한계가 있다. 여기에서 필수적으로 추가되어야 하는 것이 있는데, 그것은 곧 '반성의 행위'이다. 그는 "문제는 어디까지나 그녀의 여성다움이 자기반성을 감당할 만한 힘이 있는가, 아니면 오로지 아름다운 존재나 우아한 존재로밖에는 향락할 대상이 못 되는가 하는 점에 있다"라고 말한다. **왜냐하면 만일 여성이 '자기반성을 감당할 힘'이 없을 때는 절대적인 헌신에는**

도달할 수가 없게 되고 그렇게 된다면 진정한 여성다움이 미완성으로 남아 있을 것이기 때문이다. 자칫 오해하기 쉬운 표현이지만 키르케고르에게 있어서 여성다움은 무엇보다 '사랑하는 것'에 있다. 그는 "사랑이 그녀의 마음속에서 눈을 뜨고 그녀는 여성으로서의 자신의 의의에 참여한다(이것이냐1, 665)"라고 말하며, "그대 사랑의 예감조차 없는 여성이여! 이제야말로 그대는 사랑의 위력을 배워 알아야 한다. 비천한 환경에서 일어나서 조상의 왕위에 올라앉은 왕녀와도 같이, 이제야말로 그대는 애당초 그대의 소유인 왕국에서 왕위에 올라야만 한다"라고 말하고 있다. 다시 말해서 여성다움이 최고의 결실로 나타나는 것이 곧 '사랑한다는 것'을 배워 알고 있는 것이며, 이를 실천하는 것에서 주어진다. 하지만 이러한 사랑은 단순히 심미적인 차원의 사랑이거나 에로스적인 사랑을 의미하지 않는다. 이 사랑은 곧 자기헌신을 말하며 그것도 '절대적인 헌신'을 말한다.

진정한 사랑 혹은 종교적인 사랑을 의미하는 이러한 '절대적인 헌신'은 『공포와 전율』에서 논의되고 있는 '믿음의 기사'들의 실존양식이다. 아브라함이나 성모 마리아 등과 같은 믿음의 기사들에게서는 '세상에서 죽는 것'이라는 종교적인 실존양식을 통해서 진정한 삶 혹은 진리의 삶을 획득한다. 그리고 이러한 실존의 양식은 철학적 지혜라는 예지叡智를 통해서 획득되거나 혹은 최소한 이러한 과정을 거쳐야만 한다. 그는 "절대적인 헌신에 도달하기 위해서는 예지가 필요한데, 세상의 보통 애인들에게는 그것이 결핍되어 있다(이것이냐1, 567)"라고 말하고 있다. 아마도 키르케고르는 진정한 여성이란, 아니 최소한 자신이 이상적이라고 생각하는 여성이란 진리에 대한 깨달음을 통해서 현세의 의미를 뛰어넘은 초월의 세계에 발을 디디고 있는 여성이라고 생각하는 것 같다. 다시 말해서 여성이 가진 여성성을 최후적으로 완성시켜 주는 것은 곧 '종교적인 실존'이다. 키르케고르에게 있어서 '공상'이 여성의 특성이라면 '이성'은 남성의 특성이다. 그리고 지성知性*은 이 둘을 아우르는 중성으로 간주된다. 그렇기 때문에 본질적으로 '공상적인 특성'을 가진 여성이 진정한 여성스러움을 획득하기 위해서는 지성적인 노력이 요구된다. 키르케고르는 이러한 여성의 지성적인 발전은 여성으로 하여금 중성화되게 하지만, 그런 한에서만 비로소 현실을 뛰어넘는 "초자연적인 고도(이것이냐1, 592)"에까지 이르게 한다고 말하고 있다. 어

---

* 토마스 아퀴나스는 이성을 '논리적인 사유' 혹은 '추론적인 사유'로 '지성을 어떤 것을 이해하는 능력'으로 구분하고 있다. 따라서 지성은 이성적 사유의 끝에서 발생하거나, 직관적으로 이해하는 능력으로 이성보다 상위적인 능력으로 고려하고 있다.

쩌면 키르케고르는 가장 이상적인 여성이란 우리가 여성스러움이라고 말하는 것까지도 뛰어넘는 종교적인 실존을 지닌 여성이라고 말하고 있는 것 같다. 그래서 코데리아에 대해 모든 찬사를 아끼지 않는 중에도 그는 "그러나 그녀는 천주天主를 명상하고 있지는 않다"라고 말한 것이다. 그래서 키르케고르는 요한네스와 코데리아의 지성적인 담론을 "사상의 날개를 타고 공중을 날기 위한 것"이라고 하는가 하면, "근거Grunde에게로 몰입하기 위한 것"이라고 말하고 있다. **키르케고르에게 있어서 종교적인 실존을 획득하여 현세의 의미를 뛰어넘어 이미 영원성의 지평에 거주하는 여성이란 사실상 여성이라는 말이 무의미할 정도로 완전한 인격, 완성된 인간성을 소유한 사람이다.** 따라서 이러한 그의 사유는 역설적으로 남성과 여성은 그 본질에 있어서 다르지 않음, 혹은 남성과 여성은 '인간성'이란 차원에서 공통의 지반과 목적지를 지니고 있는 평등한 존재임을 말해 주고 있는 것이다.

7장
결혼생활의 목적과 윤리적 실존의 의미

1. 키르케고르의 결혼관과 결혼생활의 신성함

'빅토르 에레미타'라는 가명의 저자로 출간된 「결혼의 심미적 타당성」은 빌헬름이라는 한 판사가 젊은 벗에게 보내는 편지글 형식으로 되어 있다. 이 글은 1부에서 논한 '낭만적인 사랑'에 대한 연장선상에서, 이러한 낭만적인 사랑(심미적인 사랑)이 '결혼생활'에서 지속될 수 있을 것인지 혹은 결혼생활은 이러한 낭만적인 사랑을 어떻게 변화시킬 수 있을 것인지에 대해 논하고 있는 글이다. 1부와는 달리 키르케고르는 이러한 자신의 목적을 분명하게 밝히고 있다.

> 낭만적인 사랑은 결혼과 결합될 수 있고, 또 결혼 속에 존립할 수 있다는 사실과, 결혼이란 낭만적인 사랑의 성화聖化라는 사실을 밝히는 것이 나의 과제다.(이것이냐2, 60)

물론 키르케고르는 이러한 자신의 견해가 실제생활에서는 매우 입증하기 어려운 것임을 인정하고 있지만, 이 글은 전체적으로 이러한 사실을 설득하고자 애쓰고 있는 글이다. 이러한 과정 속에서 그는 자신의 윤리적인 실존에 대한 사유를 밝혀 보이고 있으며, 또한 후일 『삶의 제 단계들』에 대한 정초작업이라고 할 수 있는 심미적, 윤리적, 종교적 실존의 상관관계들에 대해서 논하고 있다.

우선 키르케고르는 자신의 편지를 받는 이 벗을 심미적인 사랑에 대한 확고한 신념을 가지고 있는 사람으로 가정하고 있으며, 사랑과 관련하여 결혼에 대해서는 매우 '비관적인' 생각을 가지고 있다고 설정하고 있다. 그리고 이 벗이 이러한 견해를 가지게 된 그 이유에 대해서 분석하고 있다. 다시 말해서 2부에서는 1부에서 자신이 분석하고 결론을 내린 '심미적인 사랑'에 대해서 새로운 변증법을 사용하여 '결혼생활'의 윤리적인 특성에 대해서 논하고 결혼생활을 통해서 '심미적인 사랑'이 완성 혹은 승화될 수 있음을 논하고 있는 것이다. 일반적으로 사람들이 결혼생활을 비관적으로 생각하는 이유는 "결혼은 해도 후회, 안 해도 후회"라는 상투적인 견해 때문인데, 이는 일견 그럴듯한 견해이다. 왜냐하면 1부에서 살펴본 것처럼 심미적인 사랑에 머물고 있는 사람은 결국 '비애'의 쓴맛을 볼 수밖에 없을 것이며, 반면 결혼생활에 진입한다는 것은 절대적인 주관성이라는 '심미적인 사랑'의 범주에서 물러나 윤리적인 삶이라는 '객관성의 범주'로 나아가기 때문이다. 따라서 사랑의 완성이라는 차원에서는 어느 것을 선택하여도 비관적인 것으로 보이는 것이다. 하지만 키르케고르는 자신의 벗이 이러한 생각을 가지게 된 것은 '사랑의 첫 감각을 편애하기 때문' 즉 '첫사랑에 대한 감정에 너무 집착하기 때문'이라고 생각하고 있으며, 또한 결혼생활을 다만 관찰자의 입장에서만 보기 때문이라고 말하고 있다. 관찰자의 입장에서 결혼생활을 바라보면 확실히 "세상의 남편들이 얼마나 깊은 수렁에 빠져 들어가 있는가"를 충분히 알 수 있기 때문이다.

저자는 결혼생활의 소중함을 말하기 위해서 자신의 경험을 바탕으로 우선 '결혼생활' 안에서도 '심미적인 요소'가 매우 단단하게 간직되고 있음을 말하고 있다. 그는 "인생이란 엄숙한 일"이라고 전제한 후, 자신이 결혼생활에서 염두에 두고 있는 것은

"아내가 자신을 참으로 사랑하고, 자신도 진심으로 아내를 사랑하는 일(이것이냐2, 19)"이라고 말하고 있다. 그리고 이러한 '사랑하는 일'이 윤리적인 삶에서도 미학적으로 그리고 종교적으로도 의의를 갖게 하고 있다. 결혼생활에 대해 다루고 있는 대다수의 문학작품들이 결혼생활을 노력에 비해 그 영광이 지극히 작은 것으로 다루고 있는 이유는 이 작품들은 결혼생활을 '사랑의 시작'으로 보고 있는 것이 아니라 '사랑의 끝'처럼 생각하기 때문이다. 사랑하는 연인들에게 결혼이란 소원이 이루어지는 것과 같다. 하지만 하나의 소원이 이루어지고 나면 흔히들 말하는 '권태'가 뒤따른다. 이러한 권태를 극복하기 위해서는 분별과 지혜와 인내가 필요하다. **결혼생활이 본질적으로 윤리적인 삶으로 나타나는 것은 결혼생활이 이러한 윤리적인 덕목들로 점철되어 있기 때문이다.** 하지만 만일 사랑의 고유한 변증법에 대한 이해나, 사랑이 가진 윤리적인 것과 종교적인 것 사이의 관계에 대해서 눈을 뜨지 못한다면, 이러한 윤리적인 덕목들은 쉽게 그 한계에 도달하고 길을 잃고 말 것이다. 즉 결혼생활이라는 윤리적인 삶의 범주가 충분히 결실과 완성에 도달하려면 '사랑'이라는 하나의 근본적인 원리에 뿌리를 두고서 특유의 변증법을 통해서 심미적인 것과 종교적인 것과의 관계성을 확고하게 해야 한다.

그렇다면 키르케고르가 말하고 있는 사랑의 변증법은 무엇이며, 왜 사랑이 윤리적, 종교적인 것과 관계를 가지고 있는가? 키르케고르는 「첫사랑」의 저자 스크리브가 이 「첫사랑」을 조롱하고 있는 그의 다른 작품인 「영원히」라는 희곡에 대해서 언급하고 있다는데, 이 작품이 '첫사랑'을 비웃고 있는 이유는 첫사랑은 자신이 절대로 도달할 수 없는 것에 도달하였다는 확신을 가지고 있기 때문이다. 낭만적인 사랑이 결국에는 '비애'로 끝나게 되는 이유는 낭만적인 사랑이 본질적으로 감성에 터전을 두고 있음에도, 이것이 사랑인 한 '영원한 것에 대한 의식'을 가지고 있기 때문이다. 하지만 낭만적인 사랑이 뿌리하고 있는 '심미적인 것'은 시간성에 근거하는 것이기 때문에 낭만적인 사랑은 결국에는 '진정한 영원성'을 획득하지 못할 것이다. 그렇기 때문에 윤리적인 삶의 첫 번째 과업은 "사랑을 제일 먼저 감성적인 것으로부터 구해 내는 일(이것이냐2, 42)"이다. 윤리적인 실존이 '결혼'이라는 것을 받아들이는 것은 감성적인 사랑이 허위이거나 무가치한 것이라고 판단하기 때문이 아니라, 이 사랑을 완수하고자 하기 때문이다. 즉 **결혼이란 '심미적인 사랑'을 '거룩한 사랑'으로 다시 말해 '영원성의 성격을 실제로 가지게 하는 것'을 지향하는 사건이다.** 바이런은 "사랑은 천국이고 결혼은 지옥"이라고 말한 적이 있는

데, 이는 결혼생활의 이러한 지향성을 알지 못하기 때문이다. 만일 결혼생활에서 이러한 지향성을 제거시켜 버리면, 결혼생활이란 감성적인 쾌락의 만족을 의미하거나 혹은 위신, 야망 등 어떤 목적을 달성하기 위한 사회적인 연합에 지나지 않는다. 이러한 결혼은 사실 사랑에 비하면 '지옥'이라고 할 만한 것이다.

결혼생활이 사랑을 그 중심으로 하고, 이 사랑은 심미적인 사랑까지도 완벽하게 보존하고 있다. 그리고 이러한 심미적인 사랑은 곧 그것이 진정한 사랑인 한 종교적인 것과 관계한다. 키르케고르는 이러한 사랑의 변증법을 위해 '하느님의 현존'이라는 주제를 끌어들인다. 그리스도교에서도 지상적인 아름다움은 보존된다. 첫사랑은 본질적으로 심미적인 아름다움을 그 핵심요소로 간직한 것이며, 첫사랑은 또한 영원성의 느낌을 간직하고 있다. 첫사랑은 자유와 필연의 통일체다. 그것이 절대적으로 순수하다는 것, 즉 자신의 자발적인 갈망 이외에 아무것도 없다는 차원에서 자유이며, 그것이 영원성과 관계하고 있다는 차원에서 필연적인 것이다. 순수한 사랑에는 이것이 지극히 주관적이고 지극히 비밀스러운 것이기에 목격자가 없다. 하지만 목격자가 있다면 그것은 단 한 분 '하느님'이다. 아니 첫사랑이 영원성과 관계하는 것이 참으로 사실이라면 여기서 하느님은 유일한 목격자요 증인이다. 우리는 이러한 키르케고르의 사유에서 "모든 진정한 사랑은 하느님으로부터 온다"는 프랑스 사제 '비오'의 말을 떠올려 볼 수 있다. 그렇기 때문에 첫사랑은 고귀한 것이다. 하지만 첫사랑은 자신들의 사랑의 목격자이자 증인이 하느님이시라는 것을 알아차리지 못한다. 첫사랑이 순결한 것이기는 하지만 하느님을 명상하지는 않는다. 키르케고르는 이러한 논의를 '결혼'까지 확대시킨다. 그는 「창세기」 25장 이삭의 예를 들어 결혼의 운명을 하느님께 전적으로 맡긴다는 것은 '매우 아름다운 일'이라고 말하고 있다. 우선 그는 '첫사랑'이 '결혼'과 공존할 수 있음을 논하고 있다. 즉 이는 사랑의 본질적인 한 부분이 '역사적으로 된다는 것'인데, **첫사랑에 있어서 역사적인 것의 조건은 곧 결혼인 것이다. 나아가 이러한 역사적인 것 안에서 비로소 첫사랑이 결혼을 통하여 종교적으로 발전하는 것이다.**

역사적인 사건으로서의 결혼은 '서약'을 전제로 한다. 낭만주의적인 사랑에서 서약이란 아무런 의미도 없다. 그렇지 않다면 이는 단지 '기분의 반영'에 불과한 것이다. 때문에 심미적인 것에 기초한 낭만주의적 사랑은 그 자체로 '추상적인 것'이다. 왜냐하면 사랑에 있어서 구체성은 역사성에서 주어지기 때문이다. 그런데 키르케고르는 사랑에 있어서 '서약'이 어떤 의미를 가지는

가 하는 질문을 거꾸로 던지고 있다. 즉 '서약'은 언제 그 효력성을 가지는지를 질문하면서, 서약이야말로 사랑에 있어서 중요한 일이라고 말하고 있다. 그는 '서약'이란 본질적으로 하느님 앞에서 하는 것으로 간주하는데 —이는 전형적인 서구 기독교적 세계관의 관점이다—, 이러한 의미에서 서약은 '영원성'을 약속하는 것이다. 즉 서약은 어떤 의미에서 '첫 마음'을 혹은 '지금의 마음'을 영원히 보존할 것을 천명하는 것이다. 여기서 영원히는 단지 끝까지라는 말이 아니라, 매 순간 오늘도 내일도 그리고 미래의 어느 날에도 변치 않을 것임을 천명하는 것이다. 즉 서약은 '확고한 마음가짐과 의무감'을 제공해 주는 것이다. **서약은 영원성의 느낌을 시간성 안에서 구현하고자 다짐하는 것이다.** 이는 말하자면 첫사랑을 윤리적인 것으로 만드는 것이 곧 '서약' 즉 '결혼'이며, 이는 추상적이고 낭만적인 사랑을 하느님의 현존으로 끌어들이면서 '역사적인 것'과 '윤리적인 것'으로 변환시킨다는 것을 의미한다.

비록 자신은 결혼하지 않았지만, 결혼에 대한 키르케고르의 사유는 그 어떤 사상가보다도 고무적이고 놀랍기까지 하다.

결혼 속에 깃들어 있는 정신적인 요소는 첫사랑 속에 깃들어 있는 정신적인 요소보다는 한층 차원이 높은 것이다. … 결혼 위에 아치를 그리고 있는 것은 지상의 하늘이 아니라 정신의 하늘이다. … 결혼을 표시하는 마음가짐 속에는 운동의 법칙이 있고, 내적인 역사의 가능성이 있다. 이 마음가짐은 약속의 넘치는 충일充溢이다. 이렇듯이 결혼이란 아름다운 것이고, 감성적인 것은 결코 부인되지 않고 오히려 순화된다. … 정신적인 사랑은 편애를 하지 않고, 오히려 그와 반대되는 방향으로 움직이고, 항상 온갖 상대적인 것을 물리친다. … 땅위의 사랑은 여러 여성을 사랑하는 일로 시작하여 한 여성을 사랑하는 일로 끝난다. 정신적인 사랑은 항상 자기 자신을 더욱더 활짝 개방하고, 그것이 극치에 이르면 끝내는 모든 사람을 사랑하는 경지에까지 도달한다. 그러므로 결혼은 감성적이지만 동시에 정신적이고, 자유롭지만 동시에 필연적이고, 그 자체에 있어서 절대적이지만 동시에 내적으로 그 자체를 초월하려고 한다. 결혼은 이러한 내적인 조화를 갖고 있기 때문에, 결혼은 또 물론 그것이 지닌 목적론을 그 자체 안에 갖고 있다.(이것이냐2, 121~123)

위의 키르케고르의 진술에서 결혼에 대한 세 가지 의미를 산출해 볼 수 있다. 첫째는 결혼은 심미적인 사랑을 정신적인 사랑으로 승화시키는 것이다. 이 정신적인 것 안에는 감성이 한층 순화된 모습으로 보존된다. 둘째는 결혼에서는 '헌신'이라는 사랑의 특성이 단 한 사람이 아닌 모든 사람에게로 확대되는 것이다. 이는 결혼이 '신 앞에서의 서약'이라는 차원에서 종교적으로 승화되고 있음을 의미한다. 셋째는 결혼은 심미적인 사랑에서와 마찬가지로 그 목적을 그 자체 안에서 가지는 것이다. 이러한 이유로 우리는 키르케고르에게 있어서 "결혼은 신성한 것"이라는 비유적인 표현이 단지 비유적인 것이 아닌 실제적인 것이 되고 있음을 알 수 있다. 결혼은 심미적인 사랑을 순화시켜 정신적인 것에까지 도약하게 하며, 여기서 종교적인 차원으로 승화하는 문을 열어 주고 있다. 그래서 결혼은 그 자체가 신성한 어떤 것이기에 그 자체 목적을 가지는 것이다. 결혼생활을 제대로 한다는 것은 곧 두 인격이 이를 통하여 성인聖人이 되는 것과 같다. 우리는 이러한 키르케고르의 결혼관을 가장 이상적인 그리스도교적 결혼관이라고 말할 수 있을 것이다.

그렇다면 대다수의 일반인이 이러한 결혼의 신성함을 감지하지 못하거나 상실하고 있는 이유는 어디에 있을까? 키르케고르는 일반인들이 결혼을 다만 '상식적인 반성'을 통해서만 이해하기 때문이라고 말하고 있다. 상식적인 반성이란 상식적인 타산이라고 할 수 있겠는데, 결혼을 그 자체 목적으로 고려하지 않고 어떤 다른 이유를 통해서 고려하는 것을 의미한다. 이 경우 결혼은 '심미적인 것'과 '종교적인 것'을 상실하고 오직 '윤리적인 것'만으로 남게 된다. 그것이 아무리 좋은 의도를 가지고 있다고 해도 만일 결혼이 그 자체를 목적으로 하지 않게 되면, 오직 윤리적인 범주만 남게 되고 이는 상호 간의 헌신이라는 '사랑'의 핵심을 상실하게 된다. 그리하여 자유를 상실하고 건조하고 딱딱한 의무의 순환 속에 갇히고 만다. 반면 키르케고르는 "결혼은 자연스러운 상황 속에 깃들인 일종의 부자연스러운 장애물로부터 인간을 해방시켜 준다(이것이냐2, 133)"고 말하고 있다. 이 부자연스러운 장애물이란 곧 '습관 속에 깃들인 정체停滯' 즉 '관습으로 얽매어 놓은 결혼생활'이다.

이상의 결혼에 대한 키르케고르의 사유에서 우리는 '실존적인 것' 혹은 '실존적으로 산다는 것'의 의미를 '결혼생활'에 적용해 볼 수 있다. 심미적인 특성의 첫사랑에서와 마찬가지로 결혼에도 '결혼은 왜 하는가?' 혹은 '결혼은 하는 것이 좋은가 안하는 것이 좋은가?' 하는 질문들은 무의미하다. 중요한 것은 '이것이냐 혹은 저것이냐'가 문제가 아니라, 무엇을 선택하든지 '실존적으로 행하는 것' 혹은 '실존적으로 살아가는 것'이기 때문이다. 실존이라는 것은 앞서 살펴보았듯이 불가분의 통일체요, 진정으로 의미 있는 것이며 일종의 절대적인 것이다. 심미적인 첫사랑에서 중요한 것이 '그것이 인생의 전부'인 것처럼 절대적으로 자기를 증여하는 것이라면, 결혼에서도 결혼생활 그 자체를 절대적으로 중요한 것, 그 자체가 목적인 것으로 고려하는 일이다. 이것이 실존적으로 살아가는 결혼생활이며, 여기에는 진지하게 된다는 것이 있다. 결혼을 진지하게 생각하지 않는다는 것, 그것은 결혼생활을 어떤 다른 목적에 비추어 도구적인 것으로 생각하는 것이다. 반면 결혼을 진지하게 생각한다는 것은 결혼을 그 자체가 목적인 것으로 생각하는 것이다. 결혼을 결혼이 가진 본질에서 생각한다는 것은 결혼이 정신적이고, 열려진 사랑이고, 신성한 것이라는 것을 동시에 생각한다는 것이다. 이것이 곧 실존적으로 결혼생활을 영위하는 것이다. 이러한 실존적인 삶이 완전히 배제될 때, 결혼생활은 심미적인 사랑과 마찬가지로 '자유'보다는 '구속'을 낳고 결국 '비극'을 산출하고 말 것이다. 결혼생활에서 실존적으로 산다는 것, 이는 심미적인, 정신적인, 그리고 종교적인 지평을 아우르는 하나의 통합적인 삶을 산다는 것이며, 여기서 결혼생활의 본질적인 국면인 윤리적인 것은 심미적인 것에서 종교적인 것으로 이행하는 징검다리라고 할 수가 있는 것이다.

2. 결혼의 목적과 사랑의 의무

결혼이 '자유'를 준다는 이러한 키르케고르의 말은 세속적인 관점에서 보자면 모순된 것처럼 보인다. 왜냐하면 결혼이란 한 인간을 윤리적인 굴레를 통해서 평생을 합법적으로 가족이라는 틀 속에 감금하고 있는 것과 같기 때문이다. 「결혼의 심미적 타당성」의 후반부는 이러한 모순된 것 같은 결혼생활의 의미를 해명하기 위한 논의로 점철되어 있다. 그리고 이러한 그의 논의를 통해서 우리는 '진정한 윤리적인 실존'이 의미하는 바를 이해할 수 있게 된다.

우선 키르케고르는 결혼이 습관에 의해 획득된 멍에에서 해방시켜 준다고 보는데, 그는 「고린도 전서」 13장에 나오는 '사랑에 대한 언명'을 통해 이를 해명하고 있다. 그는 "사랑은 오래 참고, 사랑은 친절하고, 사랑은 시기하지 않고, 사랑은 자랑하지 않고, 사랑은 교만하지 않고, 사랑은 무례하지 않고, 사랑은 사욕을 품지 않고, 사랑은 성내지 않고, 사랑은 앙심을 품지 않고, 사랑은 불의를 보고 기뻐하지 않고, 진리를 보고 기뻐하고, 사랑은 모든 것을 덮어 주고, 모든 것을 믿고, 모든 것을 바라고, 모든 것을 견디어 내기 때문에(이것이냐 2, 135)" 사랑으로 화합하는 부부 사이에는 일체의 악이 끼어들 틈이 없다고 말한다. 아마도 이러한 사랑의 덕목은 그것이 악을 배제하고 선을 지향한다는 차원에서 그리스도교의 윤리적인 덕목이라고 할 수 있을 것이며, 결혼이 이러한 사랑을 전제하는 것이라는 차원에서 결혼은 '윤리적인 실존'의 상징적인 모습이라고 할 수가 있다. 그리고 비록 이러한 사랑의 삶이 현실의 삶 안에서 항상 유지될 수는 없겠지만 인생을 전체로 고찰할 때, 마침내 이러한 사랑에로 되돌아간다는 것이 곧 윤리적 실존의 모습이다. 키르케고르는 '선과 악'에 대한 분명한 개념적 규정은 하고 있지 않지만, 다음 장인 「인격형성에 있어서 심미적인 것과 윤리적인 것의 균형」에서는 '선과 악'을 선택하는 행위를 곧 윤리적인 실존의 본질적인 국면이라 말하고 있다. 즉 키르케고르에게 있어서 '윤리적'이라는 말은 곧 '선과 악에 대해 반성하고 구분하는 것'을 의미하는 것이다. 따라서 키르케고르에게 있어서 '윤리적인 범주'와 '윤리적인 삶(실존)'은 구분되어야 한다. 전자는 '관습적인 어떤 것'이며, 후자는 '선악에 관한 어떤 것'이다. 따라서 사람들이 윤리적인 관습이라고 부르는 것도, 키르케고르에게 있어서는 전혀 '윤리적'이지 않을 수가 있다. '선을 선택하는 것'이 윤리적인 것이라고 한다면, 심미적인 실존에 있어서의 '첫사랑' 혹은 '감성적인 사랑'에는 '윤리적인 것'이 문제가 되지 않는다. **'첫사랑'이 윤리적인 것이 되기 위해서는 곧 '결혼'이라는 삶을 통해서만 가능하다. 그리고 이 윤리적인 것이 우리로 하여금 관습의 굴레로부터 해방시키는 것이다.**

키르케고르는 사람들이 결혼생활을 관습적인 것으로 굴레를 씌우고 있는 것은 결혼의 이유를 결혼 그 자체에 두지 않고, 다른 목적에 두고 있기 때문이라고 보고 있다. 그는 사람들이 제시하는 결혼의 이유들 중 대표적인 3개를 들어서 그 부당함에 대해 분석해 주고 있는데, 여기서 공통적인 오류는 '계기에 불과한 것'을 '목적'이나 '이유'로 착각하는 것이다. 그 첫째는 '자식을 낳기 위해서' 즉 '가문을 보존'하기 위해서거나 '종족의 보존'을 위해서라는 이유이다. 키르케고르는 결혼에 대해 이러한 이유를 말한다는 것은 "마치 인간이 하느님의 입장을 취하는 것"이라고 지적하고 있다. 단지 이러한 이유로 결혼한다는 것은 결혼생활에서 심미적인 것과 윤리적인 것을 제거해 버리는 것이다. 결혼이란 사람이 심미적이고 동시에 윤리적으로 될 수 있을 때 정당한 것인데, 그 이유는 결혼에는 '동반자의 관계'를 함의하고 있기 때문이다. 그렇기 때문에 결혼의 유일한 동기는 '상대방을 사랑하고 있다는 것'이다. 자식은 결혼의 한 축복이지, 결혼의 목적이 될 수가 없다. 그는 부모와 자식이란 서로가 서로에게 빚지고 있는 관계라고 설명하면서, 부모는 자식을 (신으로부터) 위임받은 보물로서 생각하여야 한다고 말하고 있다. 그래서 그는 아기의 탄생을 신의 선물로 고려하며, "어린애란 갖가지 인상을 자아내지만, 종교적인 고찰이야말로 가장 아름다운 것(이것이냐2, 145)"이라고 말하고 있는 것이다. 즉 순진무구한 어린이에게 우리가 느낄 수 있는 가장 아름다운 인상이란 그곳에 '신성한 무엇'이 감돌고 있다는 것을 의미한다. 그는 "어떤 어린아이에게나 근원적인 무엇인가가 있기 때문에, 모든 추상적인 원리와 원칙은 이 근원적인 것에 부딪혀 좌절한다(이것이냐2, 151)"고 말하고 있다. 이러한 의미에서 결혼생활에서 아기의 탄생이란, 사람들이 자주 망각해 버리는 사실, 즉 '결혼이란 신성한 것'이라는 사실을 일깨워 주는 신의 선물이라고 할 수가 있을 것이다.

두 번째 이유는 결혼이 '가정'이라는 것을 통해서 일종의 노후보장이라고 생각하는 사람들의 오류이다. 사람들은 흔히 늙어서 자신의 생애를 스스로 책임질 수 없을 때, 자식들과 가정이 자신들의 노후를 안전하게 책임질 것이기 때문에 결혼하여야 한다고 말한다. 하지만 노후의 안전을 위해서 결혼한다는 것은 결혼의 한 계기에 불과한 것을 결혼의 이유나 목적으로 착각한 것이다. 사람들은 가정을 꾸리기 위해서 결혼하는 것이 아니라, 결혼하였기 때문에 가정을 꾸리게 되고, 가정이란 자식과 마찬가지로 결혼의 한 축복인 것이다. 만일 결혼생활이 진정으로 사랑에 기초하고 있는 것이라면, '자식에게 노후를 기대한다'는 이러한 생각은 결코 하지 않게 될 것이다. 왜냐하면 여기서 사랑이란 "한 인간이 다른 한 인간의 모든 것이 된다는 것"을 의미하기 때문이며, 자식에게 기대를 건다는 것은 곧 이러한 '단 한 사람'을 찾지 못하였음을 의미하는 것이기 때문이다. 사실 자식이 부모를 봉양한다는 것은 아름다운 일이다. 하지만 이것이 아름다운 것은 이 행위가 전적으로 자애의 행위일 때 뿐이다. **만일 노후를 보장받기 위해서 자녀를 낳는 사람이 있다고 한다면 이는 자식에게 어떤 멍에를 지우는 것이요, 사랑은 사랑하는 이를 자유롭게 한다는 결혼의 그 원리와 모순되는 것이다.**

세 번째 이유는 결혼이 '안락한 보금자리'라는 가정을 통해서 '안이安易'를 가질 수 있다고 생각하는 사람들의 오류이다. 많은 가장들이 가정에 대해 불만을 터뜨린다. 자신의 가정에서 자신에게 기대하고 있는 사람이 아무도 없고, 자신을 환대해 주는 사람도 없다고 불평을 터뜨린다. 그리고 애들은 자신의 존재조차 무시한 채 게임이나 하면서 낄낄거리고, 직장에서 돌아왔을 때 아내는 잠옷을 입고 머리를 지지고 있던 손으로 따뜻한 저녁 대신 편의점 삼각김밥이나 던져 주며 자신을 맞이한다고 불평을 터뜨린다. 게다가 자녀들이나 아내가 그들이 가진 슬픔이나 내면의 고민 따위는 결코 자신에게 털어놓지 않는다고 불평하고, 가족들을 기쁘게 하기 위한 자신의 온갖 수고를 너무나 작게 평가하고 있다고 푸념한다. 하지만 사실상 모든 결혼한 남성이나 여성들이 이와 유사한 체험을 한다. 만일 자신은 이러한 불평을 전혀 할 필요가 없는 '이상적인 가정'을 가지고 있다고 생각하는 사람이 있다면, 그(그녀)는 '오직 심미적인 세계'에 머물고 있거나 혹은 '인간이란 자기 자신의 세계(내면세계)를 가지고 있는 존재' 혹은 '인간이란 이 세상에서 이방인이고 나그네'라고 하는 진리를 잊어버린 사람일 것이다. 자신에게 골몰한다는 것을 이기적인 것이라고 불평하는 사람들이 있지만, 사실상 인간이란 이기적이기 때문이 아니라, 누구나가 저마다의 세계(내면세계)가 있고, 이는 자신을 둘러싸고 있는 그 어떤 것도 이보다 더 중요한 의미를 부여하지 못할 만큼 중요하기 때문에 자신에게 골몰하는 것이다. 그렇기 때문에 어머니나 아버지가 된다는 것은 심미적으로 이상적인 가정을 꾸려가는 사람이 된다는 것을 의미하는 것이 아니다. 아버지가 된다는 것, 그것은 책임을 진다는 것이며, 이는 축복이자 기쁨이다. '역경'이 가정생활의 한 일부라고 한다면 부모가 된다는 것은 이 역경 중에서도 '책임'을 다한다는 것이다. **결혼이 곧 가정의 책임을 지기 위한 것은 아니지만, 결혼으로 인하여 중요한 책임을 가지게 된다는 것은 결혼이 '윤리적인 사건'이라는 중요한 지표이다.** 만일 이러한 책임성보다 안위를 더 중시한다면, 대다수의 부모들이 '가정생활'에서 절망하고 말 것이라는 것은 경험적으로도 알 수 있는 사실이다. 사실상 진정한 '안이'는 이 세상에서 주어지는 것이 아니다. 그것은 가정에서도 수도원에서도 희망할 대상이지 성취의 대상은 아니다. 아우구스티누스는 '우리의 영혼이 하느님의 품에 안기기 전에는 진정한 휴식이란 없다'고 하였는데, 마찬가지로 사람은 살아 있는 동안에는 '진정한 안위'가 주어지지 않는다는 것이 실존주의자의 생각이다.

결국 키르케고르에게 있어서 결혼이란 심미적이고, 윤리적이며 동시에 종교적인 것이다. 첫사랑의 심미적인 것이 결혼을 통하여 윤리적인 것으로 승화하고, 또 다시 종교적인 것의 한층 더 높은 차원으로 상승한다. 그래서 키르케고르는 '결혼을 통하여' 사랑이 한층 아름다운 것이 된다고 보고 있다. 보다 차원이 높다는 것은 보다 개별적으로 된다는 것을 의미하고, 보편적인 것은 이 개별적인 것 속에 고스란히 보존된다. 결혼의 윤리적인 삶에서는 첫사랑의 심미적인 것이 그대로 보존되고, 또한 종교적인 것 안에서는 윤리적인 것이 그대로 보존된다. 어떤 의미에서 **결혼생활이 고통을 동반한다는 것은 심미적으로 아름다운 것이며, 고통을 당하면서도 '책임성'을 잊지 않는다는 것은 '거룩한 것'이다.** 이는 인간존재에 대한 존경의 표시이기도 하다. 그래서 키르케고르는 "나에게는 의무가 사랑과는 서로 다른 풍토가 아니니다(이것이냐 2, 288)"라고 말하고 있으며 또한 "의무에는 단 한 가지만 있을 뿐이다. 즉 마음속에서 우리나는 진정한 감격으로 참되게 사랑하는 의무가 있을 뿐이다"라고 말하고 있는 것이다.

8장
인생의 선택과 윤리적 실존의 양태들

1. 인격의 의미와 '너인 그것이 되라'

「인격형성에 있어서의 심미적인 것과 윤리적인 것의 균형」은 앞장에 이어서 저자가 계속 벗에게 편지를 쓰는 형식으로 되어 있다. 그리고 『이것이냐 저것이냐』 속의 다른 모든 저작들과는 달리 이 글을 시작하면서 저자는 스스로가 "여기서 다루고 있는 문제가 하도 중요해서…"라고 밝히고 있다. 그렇다면 이 글 속의 무엇이 그토록 중요한 것일까? 그것은 인생이란 '선택의 문제'라는 것과 이러한 선택이 그의 '구원의 문제'와 연결되어 있다는 것이다. 다시 말해서 인생이란 끊임없는 선택의 연속이며, 이러한 선택이 결국 자신의 인생을 형성하면서 전체적으로 잘 사는 삶과 그릇된 삶, 진리의 삶과 오류의 삶 혹은 구원된 삶과 어둠의 삶으로 형성하게 될 것이라는 사실이다. 이러한 선택의 과정을 통해서 한 개인은 진정으로 고매한 인간이 되고 종교적인 인간으로 성장하게 된다. 제목에서 말하고 있는 '인격형성'이란 바로 이러한 성장과정의 결과물을 지칭하는 것이다. 이 글은 이러한 선택의 과정 속에서 발생하는 다양한 양상들, 특히 윤리적 실존의 본질적인 양상들에 대해서 해명하고 있는 글이다.

매우 산만한 것 같고, 동일한 주제가 수없이 다른 방식으로 반복되고 있는 이 글은 그럼에도 전체적으로 하나의 틀을 가지고 있는데, 요약하자면 다음과 같다. 인생에서는 수많은 '이것이냐 저것이냐'를 선택해야 하는 기회들이 주어지지만 이러한 양자택일이 결정적인 중요성을 가지고 있는 순간은 매우 드물다. 그 결정적인 순간이란 한쪽에는 참됨, 의로움, 거룩함이 있고 다른 한쪽에는 쾌락, 천박함, 어두운 정열, 타락이 있는 경우이다. 그 외에는 어느 쪽을 선택하여도 무방한 경우들인데 이 경우에도 올바르게 선택한다는 것은 중요한 것이다. 그런데 이 올바름의 기준을 말한다는 것은 매우 어렵다. 왜냐하면 이는 각자가 처한 실존적인 상황에 달린 것이기 때문이다. 똑같이 고등학교를 졸업

한 두 사람이지만, 한 사람은 대학에 가는 것이 올바를 수 있고 다른 한 사람은 직장을 다니는 것이 올바를 수 있다. 왜냐하면 두 사람의 실존적인(내적인) 상황이 완전히 다를 수 있기 때문이다. 하지만 분명한 것은 인간이 올바른 선택을 하고자 마음만 먹는다면, 비록 무수한 실패와 오류의 과정을 거친다 할지라도, 마침내 진리에 도달할 올바른 선택을 할 수 있을 것이라는 사실이다. 왜냐하면 올바르고 진리에 도달하고자 하는 갈망은 바로 인간의 본성 혹은 본질에 각인되어 있는 존재의 진리이기 때문이다. 그렇기 때문에 **'이것이냐 저것이냐'에서 이것과 저것이 의미하는 것은 '심미적인 삶이냐 윤리적인 삶이냐' 혹은 '윤리적인 삶이냐 종교적인 삶이냐' 하는 양자택일의 물음이 아니다. 그것은 어느 순간, 어느 단계에서건 '올바름'과 '그릇됨' 혹은 '실존적인 것'과 '실존적이지 않음'의 택일을 의미하는 것이다.** 바로 이러한 선택을 통해서 한 개인이 심미적인 것을 상실하지 않으면서 윤리적인 존재로 되고, 또한 윤리적인 것을 상실하지 않으면서 종교적으로 되기 때문이다. 이 종교적인 존재란 시간성을 상실하지 않으면서 영원성을 획득하는 존재이며, 보편적인 것을 상실하지 않으면서 개별적인 존재가 된 존재이다. 이러한 최종적인 목표에 도달한 인간이야말로 진정으로 시간성과 영원성을 동시에 가진 '진정한 자기 자신'

을 되찾은 인간이라고 할 수 있다. 이러한 인생의 궁극적인 목적에 도달하는 과정은 쉬운 일이 아니지만 그럼에도 불가능한 것은 아니다.

키르케고르에게 있어 인생에서 올바른 삶이라는 것은 어떤 삶을 의미하는 것인가? 우선 그는 인간을 '인격persona'으로 규정하고 있는데, 이는 "가장 은밀하고 가장 거룩한 것"이라고 말해지는 것으로서 '신성과 연결된 인간성' 혹은 '미학적 · 윤리적 · 종교적인 것이 통일된' 개별자, 보편적인 것을 자기 속에 설립한 개별적인 자기-자신이다. 한 개인이 온갖 역경에도 불구하고 타락하거나 포기하지 않고 자신의 인생을 성실하게 영위하고자 하는 목적이 바로 이러한 '자신의 인격' 즉 '자기-자신'을 획득하고자 하는 것에 있다.

바로 이러한 자기-자신을 획득하는 데 도움이 되는 삶이 곧 올바른 삶일 것이며, 이를 부정하거나 포기하는 삶은 곧 그릇된 삶이다. 세상에는 이렇게 자기 자신의 개별적인 본질을 형성하면서 이를 드러내는 사람과, 자기-자신을 진정으로 형성하지 않고 거짓으로 드러내는 사람이 있으며, 이러한 거짓이 반복되면 어느 날엔가 더 이상 자신을 드러낼 자신의 본질이 없게 된다. 이러한 사람은 가장 불행한 사람이다. 왜냐하면 이들은 인격의

인격persona이란?

'인격'에 해당하는 라틴어의 '페르소나'는 한 개인을 가장 근원적으로 규정해 주는 용어이다. 이는 말하자면 탄생과 더불어 '나 자신'이라 할 수 있는 불변하는 나의 '동일성'이라고 할 수 있다. 라틴어에서 대문자로 시작하는 'Persona'는 신의 위격을 지칭하는 것으로 토마스 아퀴나스는 이러한 한 개인의 인격을 '신과 유사한 것similitudo 혹은 imago'으로 생각하고 있다. 인격이 모든 경험적인 사태에 앞서는 선천적인 것이라는 차원에서 이는 일종의 초월성에 해당하며, 그렇기 때문에 그 기원은 신에게 있다. 그래서 인간의 본질을 가장 심오하게 규정해 주는 용어는 단지 정신이 아닌 영혼anima인 것이다. 왜냐하면 한 개인은 충분히 정신적이기 전에 이미 유일한 개인이기 때문이다. 한 영혼은 탄생과 더불어 다른 모든 영혼과 구별되는 개별적인 것이다. 부모의 혈통이란 다만 생물학적인 도구에 불과한 것이며, 이러한 혈통이라는 도구를 통해서 신이 각각의 인격자들을 창조한다고 보고 있다. 물론 아리스토텔레스는 지성혼이 (근원을) 알 수 없는 외부에서 온 것이라 보았고, 베르그송은 이를 단순히 '선물'이라고만 말하고 있다. 한 개인은 자신의 인격을 가지고 있기 때문에 존엄함을 가지는 것이며, 이러한 인격은 양도할 수도 포기할 수도 없는 한 개별자의 절대적인 권리이자 의무이다. 인간으로서의 존엄함은 개별자의 인격으로부터 발생하며, 이러한 인격을 구체적인 인생살이를 통해서 구현해 가는 것 혹은 완성해 가는 것이 인생의 목적이다. 그리고 인격주의의 창시자인 프랑스 철학자 엠마누엘 무니에 역시 이러한 인격을 최후의 가치로 여기며, 인격이란 규정이 불가능한 무한한 것, 상대화할 수 없는 절대적인 것 그리고 끊임없이 스스로 변화 성장해 가는 '역동적인 것'으로 규정하고 있다.

결합력을 상실하고 있기 때문에 타인이 그를 사랑할 수 있는 '자기-자신'을 가지고 있지 않기 때문이다. 키르케고르는 자신의 가면을 벗어 버려야만 할 '한밤중'이 언젠가 반드시 오게 될 것이며, 모든 이들은 이 순간을 두려워해야 한다고 말하고 있다. 사람들은 이 구원의 순간을 위해서 자기 자신의 맨얼굴을 가면으로 가리는 거짓의 삶인 '파괴의 정열'과 '정신적인 타락'을 멈추어야 한다. 이를 위해서 자신에게 진정 의미 있는 삶이 무엇인지를 살펴야 하고, 성실한 그 무엇을 추구해야만 한다. 이러한 삶의 추구를 회피하기 위해서 그 어떤 변명에도, 가령 세상의 부도덕함이나, 사회의 구조나, 부조리한 세계의 상황이나 그 어떤 것을 핑계 삼는다고 해도 이는 그저 변명에 지나지 않는다. 왜냐하면 "인간 속에는 전 세계에 대항할 수 있는 힘이 깃들어 있기 때문(이것이냐2, 313)"이다. 전 세계에 대항할 수 있는 이 힘이 곧 '이것과 저것'을 선택할 수 있는 힘이다. 우리는 이를 '자유의지의 능력'이라고 말할 수 있다. 중세철학자들이 '인간의 자유의지 앞에서는 신神도 멈추어 선다'고 생각하듯이 이 자유의지의 능력이야말로 실존주의의 입장에서 가장 강력한 인간의 능력이고 인간의 위대함의 척도이다. 만일 현상학적으로만 인간의 삶을 고찰하자면 인간은 본성적으로 '모순'이다. 왜냐하면 본성에 따른 삶이란 선을 갈망하지만 선을 행하지 않고, 정의를 갈망하나 정의롭지 않고, 고귀한 것을 원하지만 천박한 것을 취하기 때문이다. 하지만 인간은 이것 혹은 저것을 선택할 수 있는 자유의지의 능력 때문에 이 '모순'에서 빠져나올 수 있고, 그 자신의 본 모습을 획득할 수 있다.

삶의 과정 속에서 어떤 것을 선택하여야 할 때, 심사숙고한다는 것은 좋은 일이다. 하지만 자신이 옳다고 생각하는 것, 양심적이라고 생각하는 것을 확신하였을 때는 선택을 미루어서는 안 되며, 지체 없이 선택해야 한다. 왜냐하면 선택의 순간을 미루게 되면 바로 다음에 또 다른 선택의 순간이 도달할 때 이를 선택하기가 더욱 어렵기 때문이다. 그래서 한번 선택을 미루게 되면 계속하여 선택을 보류하게 되고, 어느 순간 더 이상 '이것이냐 저것이냐'를 선택할 수 없는 순간이 도달하게 된다. 이러한 경우 엄밀히 말해 그의 인격은 시들어 버리고 마침내 무엇이 그의 인격인지 알 수가 없게 된다. 왜냐하면 선택을 게을리했다는 것은 곧 남들이 자신을 대신하여 선택해 주었다는 것이 되고, 이로써 그는 자신을 잃어버렸다는 것이 되기 때문이다. 따라서 **인생에 있어서 중요한 것은 그가 무엇을 하고 있는가 혹은 그가 어떠한 범주 속에 있는가 하는 것이 아니라, 그가 스스로의 확신으로 그것을 선택하였는가 하는 것이다.** 왜냐하면 스스로의 결단과 선택이 그의 인격을 형성하기 때문이다. 우리는 이런 일들을 보다 일반적인 말로 '자율적인 인간'이라고 할 수 있을 것이다.

선택의 순간에서 스스로의 확신에 의해 자율적으로 선택한다는 것은 매우 중요하다. 왜냐하면 인격이라는 것은 내가 선택을 미루고 있을 때에도 무의식중에 선택을 하고 있으므로, 나의 자율적인 결단으로 선택하지 않는다는 것은 곧 "나의 인격 안에 있는 어두운 힘들이 선택하고 있다는 것(이것이냐2, 318)"을 의미하기 때문이다. 그래서 키르케고르는 우리가 선택할 때는 항상 "다시 되풀이해야 되는 것과 취소하여야 하는 것들이 있다"라고 말하고 있다. 되풀이하여 선택하여야 할 것은 옳은 것이나 내가 스스로 선택하지 않은 것이며, 취소해야 하는 것은 내 속에 있는 어두운 힘이 선택한 그 무엇이다. 나의 존재 속에 있는 '어두운 힘'이란 '인간의 이기적인 본성' 혹은 '헛된 영광을 추구하는 기질' 등 나의 인격에 속하지 않는 것을 '나의 인격'보다 더 우선적인 것으로 여기는 모든 것이라고 할 수 있다. 여기서 우리는 '실존적'이라는 의미에 대한 두 가지 사실을 알 수 있다. 실존적인 사람은 '현재'를 거의 절대적으로 사는 사람이다. 그는 비록 사소한 일이라 할지라도 그것이 옳은 것인지 심사숙고하고 한번 옳다고 확신이 들 때에는 선택을 미루지 않는다. 그는 이 선택의 상황에서 어떤 두려움이나 헤아림 혹은 미래의 득실을 생각하면서 선택을 미루지 않는다. 그에게는 전 세계에 대항할 수 있는 힘이 있기 때문에 그의 선택을 방해할 수 있는 것은 아무것도 없다. 생각해 보라, 만일 그가 내일이나 모레에 죽을 수밖에 없는 운명이라면 무엇이 두려워 이러한 선택을 미룰 것인가! 이것이 순간을 절대적으로 산다는 것의 의미이다. 그리고 실존적인 사람은 선택의 매 순간, 스스로 자기 자신인 것, 즉 자신의 인격적인 것만을 취하고 자신의 인격적인 것과 무관한 것은 그것이 아무리 좋은 것이라고 해도, 자신의 인격적인 것보다 우선적인 가치를 부여하지 않는 사람이다. 그래서 실존적인 사람이 삶의 결정적인 순간마다 염두에 두는 것은 '나 자신의 인격에 속하는 것' 혹은 '나에게 진정 의미 있는 것'이며, 그 외의 모든 것은 부수적인 것으로 돌려놓는 사람이다. 한마디로 말해서 '나 자신의 삶'이 아닌 것은 그것이 아무리 화려하고 좋은 것처럼 보인다 해도, 나무의 곁가지를 자르듯 제거해 나가는 사람이다. 오직 자기 자신의 것, 자신에게 의미 있는 것, 자신의 인격에 속하는 것만으로 자신의 인생을 내용을 채우고 있는 사람이 진정 실존적인 사람이며, 참되게 사는 사람이다. 그래서 **'너인 그것이 되라'는 토미즘의 윤리적인 언명이 키르케고르의 실존적인 사유에서도 여전히 진리이다.**

2. 선택의 문제와 정신의 성실성

키르케고르는 잘못된 선택이나 오류의 선택을 발견하고 치유하는 방법에 대해서 흥미로운 동화의 이야기를 비유로 들어 설명하고 있다. 인어人魚의 마력적인 연주에 홀려 마법에 걸린 사람이 마법에서 풀려나는 방법은 인어가 연주한 그 음악을 한 군데도 틀리지 않고 거꾸로 연주하는 것이라고 한다. 마법에 홀렸다는 것은 현재의 나의 삶이 오류에 빠져 있다는 것이다. 음악을 거꾸로 연주한다는 것은 곧 내가 지금까지 선택한 일련의 과정을 현재부터 첫 출발점으로 거슬러 올라가는 것을 말한다. 하나의 나쁜 결과는 그것이 발생하기까지 수많은 선택의 연속을 가정한다. 그리고 어느 순간 하나의 오류가 끼어들면 거기서부터 이후의 선택들이 모두 잘못될 수밖에 없는 것이다. '숙고한다'는 것은 오류를 발견하고 바로잡기 위한 이러한 일련의 과정을 검토한다는 것이며, 키르케고르는 이것이 '인간생활 본래의 과업'이라고 한다. **선택의 올바름에서 올바름의 기준이 '선과 악'의 문제이기에, 선택의 행위란 본질적으로 윤리적인 것이며, '선택의 행위'에서 고민한다는 것은 곧 인간이 윤리적인 존재라는 것을 보여 주고 있다.** 그래서 심미적인 선택은 진정한 선택이라고 보기 어렵다. 왜냐하면 심미적인 것은 기호의 문제이며, 어느 것을 선택해도 좋을 선택 즉 선악의 문제가 배제된 양자택일일 뿐이기 때문이다. 실존적인 사람이 선택한다는 것은 "그의 전全 인격의 내면성을 경주하여 선택하였기 때문에 그의 본질은 순화되고 그리고 그 자신은 전全 존재에 구석구석까지 침투되어 있는 영원한 힘과 직접적인 관계를 맺게 된다. 단지 심미적으로 선택하는 사람은 이러한 변모, 이런 보다 고차적인 승화에는 도달하지 못한다.(이것이냐2, 324)"

하지만 그럼에도 불구하고 선택의 행위에서 우선적으로 중요한 것은 '심미적인 삶이냐, 윤리적인 삶이냐' '선한 것이냐 악한 것이냐' 하는 문제가 아니다. 보다 중요한 것은 (객관적인) 선 혹은 악의 선택에 있는 것이 아니라, 이러한 선택이 '진정으로 나 자신에게 의미가 있다'는 사실에 있다. 동일한 것을 선택하는 두 사람일지라도 한 사람은 옳았고 한 사람은 틀릴 수 있다. 왜냐하면 어떤 사람에게는 그 선택이 의미 있을 수 있지만 다른 사람에게는 그렇지 않을 수 있기 때문이다. 그래서 편지의 저자는 자신이 편지를 쓰는 목적이 "나는 다만 그대를 선과 악 사이의 선택이 그대에게 의미를 갖게 되는 지점까지 이끌고 가려고 할 뿐이며, 일체가 여기에 달려 있다(이것이냐, 325)"고 설명하고 있다. 우리는 여기서 인간에 대한 키르케고르의 매우 낙관적인 관점을 발견할 수 있다. '선악의 선택'이 무의미한 사람이란 오직 심미적인 실존에 거하고 있는 사람이며, '선악의 선택'이 의미가 있다는 것은 그가 윤리적인 실존을 가지고 있다는 것을 말한다. 그리고

이렇게 윤리적인 실존을 가지고 있기만 하다면, 즉 선악에 대한 선택이 진정으로 자신에게 의미가 있기만 하다면 올바른 선택을 할 수 있다고 하는 것이다. 이는 달리 말해서 윤리적인 실존에 있어서도 실존적일 수 있다면 그는 올바른 생의 선택을 할 수 있다고 말하는 것이다. 그래서 범주적으로 '이것과 저것'이 문제인 것이 아니라, 이것과 저것 앞에선 주체의 내적인 자세가 중요한 것이다. 이는 선택행위에 있어서 '실존적인 파토스'를 가지고 있는가 하는 문제, 다시 말해서 이러한 선택에 있어서 '절대적으로 의미'를 가지고 있는가 하는 것이 문제이다. 키르케고르는 이것을 "정신의 성실성(이것이냐2, 325)"이라고 부르고 있다.

철학적 의미에 있어서 '정신의 성실성'을 가지지 못한 사람은 자기-자신을 부인한 자라고 할 수 있으며, 일종의 존재론적인 죄를 범하고 있다고 볼 수 있다. 이러한 의미에서 모든 인간은 어느 정도 죄인이라고 할 수 있다. 정신의 성실성을 가지지 못한 자를 우리는 '위선자'라고도 부를 수 있을 것인데, 그 이유는 비록 그들이 윤리적인 삶을 살고 있다고 해도 이러한 삶이 그들의 진정한 의미 혹은 절대적인 의미로 와닿지 않기 때문이다. 이러한 사람들은 자신의 삶을 자신의 바깥에서 살고 있는 사람들이며, 그런 한에서 적당히 윤리적인 실존을 가진 사람들이라 할 수 있다. 이러한 사람들은 시간이 지날수록 의미 있는 선택이 불가능하고 따라서 자신의 인격은 왜소해지고 불멸의 영혼은 시들어 없어지고 만다. 사실 이들은 자기영혼의 불멸성 따위는 어떻게 되든 전혀 불만이 없는 사람들이다. 이들은 비록 이렇다 할 죄를 지은 것은 아니지만 진정한 선택을 하지 못하고 있다는 차원에서 죄 중에 있는 사람들이다. 키르케고르는 이러한 사람들을 "조용한 지옥 상태 속에서 살아가고 있는 사람들(이것이냐2, 326)"이라 풍자적으로 말하고 있다. 따라서 실존주의자의 입장에서 보자면 철학을 한다는 것은 오직 자기 자신을 위하여 사색하는 일이다. '사람이 온 세상을 얻는다 해도 자신을 잃어버린다면 무슨 소용이 있는가' 하는 성서적인 주제는 실존주의적 사유에 적절하다. 선택은 근본적으로 자신을 위한 것, 즉 자신의 인격을 형성하기 위한 것이며, **무엇을 선택하는가 하는 것이 중요한 것이 아니라 진정으로 의미 있는 것을 선택하는 것이 중요한 것이다. 그리고 역설적으로 이러한 사람들만이 세상에서 유의미하고 진정한 선善을 산출하는 사람들이다.**

선택하는 행위는 본질적으로 미래를 지향하는 것이기 때문에, 실존주의적인 사유는 과거보다는 미래 지향적이다. 그래서 키르케고르는 본질적으로 과거의 역사를 조정하는 사변철학에 대해 '청년의 철학'이라 칭하면서 "역사의 거대한 힘을 가지고 놀 수는 있지만, 일반인들에게 인생에서 무엇을 해야 하는지를 보여 주지 못하고, 그들 자신도 무엇을 해야 하는지를 알지 못하는 청년의 메스꺼운 꼴(이것이냐2, 332)"을 보여 준다고 풍자하고 있다. 역사의 전체를 규정하고자 하는 사변철학(헤겔철학)에 대해서 키르케고르는 상대적인 시간을 절대적인 시간으로 혼동한 현대 철학의 우발적인 실수라고 하면서 '절대적인 규정'은 역사의 마지막에 가서야 가능하다고 생각한다. 즉 그에게는 체계 자체가 부단히 생성의 과정 속에 있기 때문에 역사의 과정 안에서는 결코 완결된 체계를 가질 수는 없는 것이다. 이러한 맥락하에서 그는 강하게 헤겔의 '역사철학'을 비판하고 있다. 역사철학은 역사를 필연성의 법칙 아래서 바라보면서, 역사적인 과정에 관한 한 '이것이냐 저것이냐'를 문제 삼지는 않는다. **진정한 자유는 내면적인 것이지만 역사철학은 이를 개별적인 것으로 파악하지 않고 세계사적인 과정 속에 흡수시켜 버린다.** 인간은 누구나 자기 자신의 역사를 가지고 있다. 그리고 이것이 역사인 한 자신의 자유로운 행위의 결과물인 것만은 아니다. 하지만 그럼에도 **자신의 내적인 업적(자신의 인격)은 오직 그 자신의 것이며, 결코 외적인 역사 속에 흡수되어 사라져 버릴 수가 없는 것이다.** 개인의 역사도 세계의 역사도 한 개별자의 내면에 존재하는 업적은 빼앗을 수가 없으며, 그의 진정한 기쁨이나 슬픔은 바로 여기에 달려 있다. 이 내적인 업적이 곧 '정신의 성실성'에 의해서 이루어진 것이다. 자유로운 사람은 역사를 초월한다. 그는 그의 외적인 역사가 어떻게 진행될지라도 자신의 내면에서 자유로울 수 있다. 비록 그가 그의 내면성을 위해서 온 세상을 상실한다 할지라도 그는 세상이 빼앗을 수 없는 내면의 업적을 가지고 있으며, 이것이야말로 축복받은 자유인의 삶이다. 반면 단지 철학자로서 자신의 직업 속에 매몰된 자는 비록 그가 온 세계를 다 얻고 있다고 해도 '축복받은 자유의 삶'을 알지 못하고 가장 중요한 것을 결여하고 있는 것이다.

3. 실존적인 파토스와 선악의 문제

일반인들이 생각하고 있는 수많은 윤리적인 문제가 실존주의의 입장에서 보자면 사실상 여전히 심미적인 실존의 문제이다. 진정으로 윤리적인 실존이 형성되는 것은 선악의 문제에 있어서 양자의 선택을 감행하는 것에서 성립하기 때문이다. 그리고 선택의 문제가 제기되는 한 키르케고르에게 있어서 이는 절대적인 선택을 의미한다. 그는 "절대적으로 선택함으로써만 우리는 윤리적인 것을 선택할 수가 있기 때문에, 절대적인 선택을 함으로써 윤리적인 것이 정립된다(이것이냐2, 345)"라고 말하고 있다. 여기서 절대적이라는 말은 양자의 선택에 있어서 중립적인 지대나 유보가 있을 수 없다는 것을 의미하며, 이러한 선택을 통해서만 선악이 분명이 드러난다는 것을 의미한다. 그렇기 때문에 선택의 문제는 오직 윤리적인 실존에 있어서만 진실로 의미 있는 문제로 부각된다. 그런데 선과 악을 선택하기 위해서는 선과 악을 판단 혹은 식별하는 무엇이 있어야 한다. 이를 식별하는 기준 혹은 원리는 무엇인가? 키르케고르에게 있어서 이는 양심이다. 그는 "외모로 보아서는 무無에 불과한 것이 양심에게는 전부다(이것이냐2, 426)"라고 말하고 있는데, 말하자면 심미적인 실존에 있어서는 그야말로 별것도 아닌 것이 양심에 비추어 볼 때 거의 절대적인 것으로 여겨진다는 것이다. 마찬가지로 심미적 차원에서는 그것이 아무리 크고 대단한 것이라고 해도 양심에 있어서는 아무것도 아닐 수 있다. 양심이 문제 삼고 있는 것은 그것이 큰 것인가 작은 것인가가 아니라, 그것이 선한 것인가 악한 것인가 하는 것이다. 아무리 하찮은 것이라 해도 그것이 선한 어떤 것이라면 양심에게 있어서는 매우 소중한 것이며, 반면 아무리 대단한 것이라 해도 그것이 선한 것이 아니라면 그것은 아무것도 아닌 것과 같은 것이다. 그렇기 때문에 '선악의 선택'이라는 윤리적 실존에게 있어서는 그 삶의 방식이 본질적으로 거의 절대적인 형식으로 나타나는 것이다.

일반인들이 윤리적인 실존으로 도약하지 못하는 이유는 인생에서 윤리적인 문제 즉 선악의 문제에서 선택을 요구하는 상황이 매우 드물게 나타나기 때문이 아니라, 사람들이 이러한 선택을 미루거나 선택을 거부하기 때문이다. 다시 말해 양심의 소리를 듣고자 하지 않는다는 것이다. 키르케고르는 이를 "그대의 장기인 옆으로 내빼는 방법"이라고 재치 있게 설명하고 있다. 예를 들어 보자. 어떤 한 단체가 부당한 이유로 회원 중 한 명을 그들의 일반적인 삶이나 행사 혹은 무슨 과제 등에서 배제하고 있었고, 이 사실을 알게 된 당사자가 담당자에게 사실을 확인하고자 문의를 하였다고 하자. 담당자는 부당함을 알고는 있지만 그 일의 잘못이 자신에게 있는 것은 아니라고 생각하고 있다. 그 역시 힘 있는 윗사람의 명령을 받고 명령대로 시행하였을 뿐이었다. 하지만 그럼에도 그가 그 실무를 담당하는 사람이라는 차원에서 책임이 있다. 그가 그 사실을 알고도 묵인하였다면 그 역시 공범자이고 그 사실을 제대로 인지하지 못하였다면 직무유기가 되는 셈이기 때문이다. 이 경우 사회적 차원에서 보자면 '죄를

양심이란?

아쉽게도 키르케고르는 선악의 판단 원리인 '양심'에 대해서 보다 깊이 있게 다루고 있지 않다. 윤리적 실존의 핵심이 '선과 악의 선택'에 있고, 양심이 선악 판단의 원리이자 기준이 된다는 차원에서 양심에 대한 개념은 매우 중요할 수밖에 없다. 반면 중세철학자들에게 있어서 양심에 대한 논의는 매우 심도 있게 다루어지고 있는데, 토마스 아퀴나스는 『진리론』의 「양심」편에서 양심sinderesi을 '선과 악을 판단하는 제일원리'이며, 또한 선을 선택하게 하는 '내적인 힘'처럼 고려하고 있다. 이성과 양심은 올바로 실행되기만 한다면 오류에 빠질 수가 없는 일종의 절대적인 원리들이다. 양심은 선천적인 원리이지만 그 자체 능력potentia으로 고려하지 않고, 습성habitudo으로서 간주되기에 반복되는 행위를 통해서만 마치 '본성'처럼 확고한 능력을 가질 수가 있으며, 완전히 상실되지는 않겠지만 오랫동안 외면하거나 사용하지 않으면, 무디어지고 느슨해져서 제 기능을 제대로 발휘할 수가 없게 된다. 또한 불순한 의도로 이성이 잘못 추론하거나 오류의 판단을 내리면 양심도 오류에 빠질 수가 있다. 양심이 정상적이고 건강하게 남아 있는 한, 인간의 양심에 따른 행위는

> 선한 행위를 보장하는 것이다. 즉 선한 것을 선택한다는 것과 건전한 양심의 소리를 따른다는 것은 동일한 것을 의미한다. 양심은 매 순간 '선한 것'과 '악한 것'을 식별할 수 있는 일종의 절대적인 원리이며 선천적(생득적)으로 주어진 것이기 때문에 인간이라면 누구나 윤리적인 실존으로 도약할 수 있는 조건을 갖추고 있다고 해야 할 것이다.

지어서 죄인인 것이 아니라, 죄의 구조 속에 있기 때문에 죄인인 상황' 속에 처해 있는 것이다. 하지만 실존주의적인 입장에서 보자면 이러한 상황은 진정한 윤리적 실존의 상황이 아니다. 왜냐하면 이러한 부당한 일이 발생하고 있다는 그 자체는 일종의 관습적인 문제이며 ―사회가 있는 곳에 사회악이 존재할 수밖에 없으므로―, 그가 이 일을 진지하게 문제로 의식하지 않았다는 차원에서 그에게는 한번도 윤리적인 '선악의 문제'로 부각된 적이 없었기 때문이다. 어쩌면 우리는 이러한 상황을 '심미적으로 아름답지 못한 상황'이라고 말할 수 있을 것이다. 그런데 이제 부당하게 권리를 박탈당한 그 회원이 이를 알고자 하고 이를 바로잡고자 시도하고 있다. 담당자로서는 당혹감을 유발하는 일이고, 이제 선택해야만 하는 상황에 봉착한 것이다. 담당자로서는 두 가지의 선택상황이 주어진다. 한 사람이 부당하게 권리가 박탈당하고 부당한 처우를 받았다는 사실을 인정하고 이를 바로잡고자 노력할 것인가, 아니면 술수를 부려서 이를 부정할 것인가 둘 중 하나이다. 여기에서 중립이라는 것은 있을 수 없다. 여기에는 올바름과 그릇됨 혹은 선과 악의 선택의 문제만이 남게 되고 그는 진지하게 이를 고민하게 된다. 이제 담당자는 윤리적인 실존으로 도약하게 되는 '선택'이라는 진지한 문제 앞에 서게 된 것이다.

하지만 다른 하나의 선택이 여전히 남아 있다. 만일 그가 이러한 고민이 싫고 귀찮아서 계속 핑계를 대면서 이러한 상황이 진정으로 잘못된 것인지, 아니면 흔히 있을 수 있는 작은 사회악의 일부에 지나지 않는 것인지 혹은 문제를 제기하는 회원의 오해인지 하는 그 사실 자체를 알고자 하지 않는다면, 그리하여 '좋은 게 좋은 것'이라는 식으로 두리뭉실하게 넘어가고자 한다면 그는 여전히 심미적인 실존에 머물러 있으며, 윤리적인 실존으로 도약하지는 못하게 된다. 이것이 바로 '옆으로 내빼는 방법'이다. 그렇게 되면 문제가 문제로서, 악은 악으로 드러나지 않고 선도 선으로 드러나지 않는다. 이렇게 하여 명백히 윤리적인 문제가 제기되었을 때, 여전히 심미적인 실존에 머물고 있다는 것 그 자체가 일종의 죄의 상황을 묵인하는 것이 되고 곧 자신도 '죄 중에 있는 것'이다. 아마도 우리는 이러한 분명한 예를 한나 아렌트가 『예루살렘의 아이히만』에서 말한 '악의 평범성'에서 잘 볼 수 있을 것이다. 그래서 명백하게 윤리적인 상황이 유발할 수 있는 계기가 주어졌을 때 심미적인 실존으로 도피한다는 것, 이 것이 곧 죄의 상황에 거주하는 것이며, 앞서 말한 '조용한 지옥의 상태에 거주하는 것'은 바로 이러한 사태를 말하는 것이다.

여기서 우리는 '현존하는 악의 긍정적인 측면'을 고찰할 수 있다. 만일 악이 전혀 존재하지 않았다면, '선악의 선택'이라는 윤리적인 실존이 발생할 계기도 존재하지 않는다. 분명한 악이 현존하고 있거나 새롭게 발생하였기 때문에 담당자가 선악의 선택의 기회를 가지게 되었고, 스스로 선이나 악을 선택할 수 있는 기회를 가질 수가 있었던 것이다. 즉 **현존하는 악이 존재하지 않는다면, 의로운 행위도 존재할 수가 없으며, 의로운 행위가 존재할 수 없다면 의로운 자도 존재할 수 없다는 것이 실존주의의 관점이다.** 즉 '악이 발생하였기에 의로운 자가 존재할 수 있었다'는 것이 실존주의의 역설이고, 윤리적인 변증법이다. 그렇기 때문에 원죄에 관한 성서적인 우화는 죄를 통해서 (심미적인 실존이) 윤리적인 실존으로 도약한다는 긍정적인 의미를 함의하고 있다. 키르케고르가 "모든 인간이 아담과 동일한 죄과를 되풀이한다"라고 하였을 때 바로 이러한 상황을 두고 하는 말이다. 모든 인간은 우선적으로 심미적인 실존을 살아가게 되고, 이후 자신의 잘못으로 발생하지 않은 어떤 악의 문제 앞에 봉착하게 된다. 여기서 선과 악에 대한 분명한 선택을 감행한다는 것은 곧 윤리적인 실존으로 도약한다는 것을 말한다. 그리고 그럴 수밖에 없다는 것이 인간으로 존재하는 피할 수 없는 운명인 것이다. 그래서 모든 인간이 '세상이 왜 이다지도 악한가!'라고 느끼게 되는 것이 다만 나쁜 일인 것만은 아닌 것이다. 앞에서 예로 든 한 단체의 실무 담당자의 예에서 실무 담당자는 악이 행해지는 것을 명백히 인지하면서도 이를 해결하려고 하지 않고, 오히려 핑계를 대며 악을 정당화하고자 할 수가 있을 것이다. 즉 교묘한 논리로 부당함을 부당하지 않음으로 포장하여 선의 행위보다는 악의 행위를 선택할 수도 있는 것이다. 이 경우 그는 아담과 동일한 행위를 한 것이다. 물론 키르케고르의 입장에서 보자면, 아무것도 선택하지 않는 것보다는 선이나 악을 분명하게 선택하는 것이 보다 나은 것이다. 왜냐하면 그는 최소한 그의 자유를 행사하였기 때문이다. 자유를 행사한다는 것은 자신의 인격을 형성해 간다는 것이며, 윤리적인 존재로 도약한다는 것이다. 그리고 그가 **윤리적인 존재로 도약하였다는 사실은 또한 그가 앞으로 계속하여 이러한 선악에 대한 갈등을 진지하게 할 수 있게 되었다는 것을 의미하는 것이다.** 반면 선택행위를 미룬다는 것은 여전히 심미적인 존재로 머물러 있다는 것을 의미하며, 이는 '그렇게 되어야만 하는 존재'가 되기를 거부한다는 것을 의미한다. 이는 마치 자신의 순수성을 상실할 것에 대한 두려움으로 그 어떤 인간관계도 거부하고 연못 속에 비친 자신의 모습을 보고 사랑에 빠진 나르시스의 오류처럼, 어른이 되면 죄를 더 많이 짓기 때문에 언제까지나 어린아이로 머물고자 하는 것과 유사한 것이다. 하지만 죄 많은 어른은 언젠가는 회개의 기회를 가질 수가 있겠지만, 전혀 윤리적인 실존을 가지지 못한 어린이는 결코 회개의 기회를 가질 수가 없을 것이다.

일단 한번 악의 행위를 선택한 윤리적인 실존의 사람은 보다 악의 행위를 선택할 기회가 많아지게 될 것이다. 왜냐하면 오늘 하나의 선택은 내일 있을 다른 선택과 밀접하게 연관되어 있기 때문이다. 이는 하나의 거짓말이 필연적으로 다른 거짓말을 낳게 되는 것과 같은 것이다. 만일 회개의 순간이 없다면 이러한 영혼들은 결국 거짓으로 자신을 가득 채우게 될 것이며, 자신의 인격이라는 것은 '가짜 인격,' '거짓 본질'로 가득 차게 될 것이다. 이러한 사람은 참으로 불행한 영혼이라고 할 수밖에 없다. 왜냐하면 그는 어느 누구를 사랑할 수 있거나 누군가로부터 사랑받을 수 있는 '자기 자신'을 결여하고 있기 때문이다. 키르케고르가 '진리 앞에 나선다는 것' 혹은 '하느님 앞에 나선다는 것'을 '자신의 뉘우침'과 동일한 것으로 반복해서 말하고 있는 것은 바로 이러한 이유 때문이다. 그런데 진정한 윤리적인 실존으로 도약한 사람, 즉 선택의 기로에서 '선한 행위'를 선택한 사람의 영혼을 어떻게 이해할 수 있을까? 그는 어떠한 이유나 목적으로 이렇게 선한 행위를 선택할 수 있었으며, 그리고 그로 하여금 선을 선택하도록 한 그 힘은 어디에 있는 것일까?

바로 여기에 '실존적 파토스'의 개념이 등장한다. 윤리적인 선택이 절대적인 선택이라는 것은 여기에는 망설임이 없음, 적당함이 없음, 헤아림이 없음, 보류하고 있는 여분이 없음 등을 의미한다. 가령 법정에서 증인의 적당한 거짓말은 완전한 거짓말과 같으며, 신 앞에 죄를 고백하거나 회개하는 사람이 적당하게 고백하고 적당하게 회개하는 것은 고백하지 않고 회개하지 않은 것과 같은 것이다. '진실하다는 것'이란 말 그대로 단적으로 혹은 순수하게 진실할 때 진실한 것이다. 적당한 타협이 끼어들게 되면 그것이 아무리 작은 것이라고 해도 '진실'은 사라지고 마는 것이다. 그런데 사람들은 어떤 경우에 이렇게 절대적인 선택을 할 수 있는 것일까? 그것은 양자택일이 절대적으로 중요한 사실이고 둘 중 어느 하나가 자신의 삶에서 가장 의미 있거나 절대적으로 의미 있을 때에 그럴 수 있다. 우리는 이러한 절대적인 의미를 가지고 있는 실존을 앞서 심미적 실존의 상징적인 사건이었던 '남녀 간의 사랑'에서 볼 수 있었다. '마리 보마르쉐,' '돈나 엘비라,' '그레첸'은 모두 자신의 사랑에 영혼의 구원보다도 더 중요한 절대적인 의미를 부여하였던 사람들이다. 사랑하는 것에 절대적인 의미를 부여하였던 사람들이라는 차원에서 보면 이들은 심미적 차원에서 가장 열정적이었던 사람들, 즉 파토스적인 사람들이다. 이들이 진정한 윤리적 실존으로 승화하지 못하고 비록 비극적인 생을 가질 수밖에 없었지만, 이들은 심미적인 실존에 머물고 있는 사람들 중에서는 가장 이상적인 사람들이었다. 왜냐하면 **사람들은 무감동보다는 차라리 슬픈 감동을 선호하듯이 '열정을 가진다는 것' 이것이 실존주의에서는 가장 중요한 사실이기 때문이다.** 그런데 세 명의 여성들이 열정적일 수 있었던 것은 그들의 삶과 행위에 대한 분명하고 절대적인 목적이 있었기 때문이었다. 그것은 한 남성에 대한 한 여성으로서의 사랑이었다. 즉 사랑이 그들의 '에토스(목적, 궁극목적)'였던 것이다. 인생에 있어서 분명하고 확고한 목적을 가진다는 것, 이것이 '파토스(열정)'를 가지게 하는 이유이자 힘이다. 마찬가지로 윤리적인 실존에 있어서 자신의 선택에 '파토스'를 가지게 하는 것은 곧 '에토스' 즉 궁극적인 목적이다. 이 에토스는 곧 '자기-자신이 된다는 것'이며, 이는 오직 윤리적인 선택행위에 의해서만 가능한 것이다. 즉 '나 자신'이란 "내가 그것을 선택함으로써 비로소 생성되기 때문"이다. **윤리적인 파토스를 가진 사람이란 그것이 절대자가 아니라면 "나 자신이 아닌 어떤 것도 절대적인 것으로서는 결코 선택할 수 없는(이것이냐2, 415)" 사람을 말하는 것이다.**

심미적인 실존에서는 선악에 대한 문제가 발생하지 않는다는 차원에서 심미적 실존의 선택은 어떤 의미에서 진정한 선택이 아니다. 다시 말해 심미적인 선택에서는 어느 것을 선택하든 절대적인 중요성을 부여할 만한 것은 없는 것이다. 하지만 윤리적인 실존에서는 분명하게 선악의 양자택일이 모습을 드러내기 때문에 참으로 진지하게 선택의 문제에서 고뇌하여야 한다. 이는 참으로 중요한 문제이고, 정신적으로 존재하는 인간에게서 '자기 자신의 동일성의 문제'와 직결되어 있다. 즉 어떤 의미에서 '선악에 대한 선택'이라는 것을 통해서 —그가 선택하는 것이 선인가 악인가와 무관하게— 인간은 정신적인 존재로 규정이 되고 진정으로 인간이 되는 것이다. 이것이 결여된 것은 그것이 아무리 거창하고 화려한 것이라 할지라도, 전 세계를 규정해 주는 사상이라고 할지라도 여전히 심미적인 것에 지나지 않는다. 그렇기 때문에 윤리적인 실존이 되고자 진지해진다는 것은 그것이 아무리 사소한 것이라고 해도 우주를 묘사해 주는 심미적인 일보다 훨씬 중요한 것이다. 왜냐하면 선을 선택한다는 것은 그것을 통해서 자기-자신의 인격 혹은 본질을 형성한다는 것을 의미하지만 악을 선택한다는 것은 '거짓 인격'을 형성하는 것과 같은 것이기 때문이다. 그래서 키르케고르에게 있어서 '선을 선택한다는 것'과 '나 자신을 선택한다는 것'은 사실 동일한 사태의 두 국면이다. 그런데 어떤 것을 실존적인 의미로 선택을 한다는 것은 단지 한 번만이 아니고, 우연적인 기회로서가 아니라, 지속적으로 그리고 거의 필연적으로 선택한다는 것을 의미한다. 왜냐하면 그것은 지금 현재 내가 선택하는 것을 가장 의미 있고 가장 진지한 일로 고려하는 것이기 때문이다. 실존적으로 존재한다는 것이 마치 내일이나 모레 곧 죽음을 맞이하는 사람처럼 산다는 것을 의미할 때, 실존적으로 선을 선택한다는 것은 마치 이러한 선택이 생의 마지막 선택인 것처럼 고려하는 것을 말한다.

생각해 보자. 어떤 사람이 생애의 마지막에 단 하나의 선택을 남겨 두고 있다고 한다면, 그는 무엇을 선택할 것인가? 더 이상 선택의 기회가 주어질 수 없는 단 하나의 선택이란 자신의 목숨을 걸고서라도 진지하고 신중하게 선택할 수밖에 없을 것이며, 절대적으로 올바른 선택을 하고자 할 수밖에 없는 것이다. 바로 이러한 것이 윤리적 실존을 살고 있는 사람의 내적인 분위기이다. 그는 지금 여기 현재에서 마치 내일 죽을 수도 있는 사람처럼 가장 진지한 모습으로 살고 있으며, 특히 선과 악의 선택에 있어서 아무리 작은 것이라도 가볍게 여기지 않는다. 그는 선택의 문제에 있어서 무엇보다 열정적일 수밖에 없다. 그가 이렇게 단순하고 절대적으로 선택에 있어서 망설임이 없는 것은 그가 윤리적인 에토스(궁극목적)를 가지고 있기 때문이다. 이 윤리적인 에토스란 정신적인 존재로서는 그의 사랑이 모든 인간에게로 나아가는 아가페적인 사랑에 있으며, 종교적인 존재로서는 영원성을 선취한다는 그것이다. 후일 『공포와 전율』에서 키르케고르는 이를 "믿음의 기사가 되는 것(공포와 전율, 160)"이라고 말할 것이다. 믿음의 기사들은 믿음(신앙)이 절대적으로 중요한 일이어서 이를 위해서 세계에 대한 무한 포기를 감행하는 사람들이며, 가장 열정적인 사람들이다. 이와 마찬가지로 윤리적인 실존을 실제로 살고 있는 사람들의 윤리적인 삶에 대한 열정은 자신의 목숨만큼이나 중요한 것이며, 가장 열정적인 사람처럼 나타난다. 그 이유는 그들의 삶이 자신들의 실존의 에토스에 너무나 밀접하게 연관되어 있기 때문이다. 즉 **그들에게 있어서 삶의 궁극적인 목적은 저 멀리 미래 어느 날 다가오는 것이 아니라, 현재 자신들의 실존을 가득 채우고 있는 그 무엇, 즉 '내면성'으로 나타나며, 이것이 그들에게 아무도 흉내 내지 못할 '실존적인 파토스'를 야기하는 것이다.** 그들의 인생관은 단순하고 통일되어 있다. 이 통일성 안에서는 포기하였던 심미적인 것이 다시 되돌아오고, 비록 완전하지는 않겠지만 종교적인 실존이 함께하고 있다. 이러한 사람이 바로 성서적인 의미에서 의롭다고 할 수 있는 사람이며, "자기 자신의 영혼을 구하면서, 전 세계를 얻는 일에 성공할 수 있는 사람(이것이냐2, 346)"인 것이다.

4. 정신적으로 규정된다는 것과 세상에서 절망한다는 것

한 인간이 진정으로 정신으로서 규정된다는 것은 세상을 극복하고 세상을 초월하게 되는 실로 엄청난 사건이다. 그런데 정신적으로 규정된다는 것은 무엇을 말하는 것인가? 정신적으로 된다는 것은 총명하게 된다는 것이 아니다. 사람이 세상의 모든 학문들을 다 습득하고 우주와 온 세상의 법칙들을 다 이해하고 있다고 해서 이러한 사태가 한 인간을 '정신적으로 규정'해 주지는 못한다. 정신적으로 된다는 것, 이것은 곧 자기 자신을 소유한다는 것이며, 진정한 개별자가 된다는 것이다. 개별자가 된다는 것은 일반성 혹은 보편성의 세상에서 빠져나와서 자신만의 세계를 가지게 된다는 것을 말하며, 또한 절대자 앞에 나선다는 것을 의미하기도 한다. 이는 또한 내면적으로 된다는 것이며, 자기 자신 안에서 영원성을 선취하고 구축하는 일이다. 즉 **진정으로 정신적으로 규정된다는 것은 인간으로서 존재한다는 것이 곧 영원한 것 혹은 신성한 것과 관계하는 것이라는 이 사실을 현실 안에서 실현하는 일이다**. 후일 키르케고르는 이러한 정신적으로 규정된 사태를 '믿음의 열정'이라고 표현하고 있다. 이러한 사람은 "죽어가는 사람이 초자연적인 에너지를 가지듯이" 세계로부터 초연한 사람이며, 그 어떤 문화적인 율법보다 큰 '윤리의 목적론적인 중지'가 현실로 된 사람이다.

이러한 사람은 낙관적이고 희망찬 삶을 가질 수밖에 없다. 왜냐하면 그에게 있어서 세상의 그 어떤 상실도 그것이 세상에 속한 것이라는 이유로 인하여 그의 행복이나 불행과는 무관한 것

'윤리의 목적론적인 중지'란?

'윤리의 목적론적인 중지'란 키르케고르가 헤겔주의자들의 '윤리'에 대한 개념을 비판하기 위해서 고안한 개념이다. 이는 윤리와 종교 사이의 관계를 정립하는 데 유용한 개념인데, 『공포와 전율』, 『죽음에 이르는 병』 등에서 중요한 주제로 다루어지고 있다. 헤겔에게 있어서 윤리란 한 민족이나 국가가 가진 법과 규범의 총체를 지칭하는 것으로 이것은 종교보다도 상위적인 것이다. 믿음에 기초하는 종교가 다분히 심미적이고 개인적인 차원의 것이라면 윤리는 정신적인 것이고 보편적인 것이기 때문이다. 그래서 헤겔주의자들에게 사람들은 믿음을 넘어서 윤리적인 존재가 되어야 하는 것이다. 하지만 키르케고르는 이러한 생각이 소위 말하는 현대의 '기독교 국가'가 가지고 있는 가장 심각한 오류라고 비판한다. 기독교 국가에서는 한 국가가 소유하고 있는 법과 규범의 총체인 윤리가 모든 것의 척도가 되기 때문에 훌륭한 공무원이 곧 훌륭한 신앙인이 되며, 사회의 엘리트들이 곧 모범적인 종교인이 되는 것이다. 하지만 이러한 사태는 인간으로부터 믿음을 근원적으로 박탈시키는 일종의 우상이다. 키르케고르는 믿음이란 근본적으로 윤리적인 지평을 넘어 일종의 절대적인 지평으로 도약하는 인간현상이며 한 개인과 절대자 사이의 관계성을 가지게 하는 것으로 가장 최후적인 것이라 생각하며, 믿음을 인생의 최고의 열정이라고 규정하고 있다. 그렇기 때문에 그는 믿음보다 더 멀리 나아가는 것은 있을 수가 없으며, 윤리는 믿음 앞에서 그 권위를 중지하여야 한다고 생각한다. 물론 신앙인이라고 하여 규범적 윤리를 초월하거나 법이나 규범과 무관하게 살 수는 없지만, 그러나 그의 신앙 혹은 믿음 그 자체가 문제가 될 때 그 척도가 되는 것이 윤리적 규범일 수는 없다. 즉 윤리는 상대적인 가치이며, 믿음은 절대적인 가치인 것이다. 그래서 신앙의 문제가 제기될 때, 규범은 그 효력성을 중지하여야 하는 것이다. 바로 이것이 '윤리의 목적론적인 중지'의 개념이다. 그는 이러한 윤리의 목적론적인 중지의 한 상징적인 예로 '이삭을 제물로 바치고자 했던 아브라함의 행위'를 제시하고 있다. 신의 명령과 약속에 충실하다는 것은 윤리를 넘어서는 믿음의 행위이며, 이는 본질적으로 한 국가나 사회의 모든 윤리적인 척도를 넘어서는 것이다.

이기 때문이다. 그래서 인간이 우울해지는 것은 자신이 진정으로 정신적으로 규정되지 못하였다는 사실, 즉 자신의 죄과 때문이다. 하지만 인간의 정신은 그 특유의 총명함을 통해서 이러한 사실을 숨길 수도 있다. 그는 진실로 영원한 것이나 신성한 것과 관계를 맺는 대신에 세상 그 자체를 영원한 것 혹은 신성한 것으로 규정하면서 세상을 신성한 것으로 대체시켜 버린다. 헤겔의 역사적인 변증법을 염두에 둔 다음의 비판은 영원성과의 관계를 가져다줄 '믿음'을 '이성'으로 대체하고자 하는 인간의 오만을 비웃고 있다.

> 우리 자신의 마음이라는 것이 얼마나 간사한 것인지, 우리는 우리 자신을 속이기가 얼마나 쉬운 것인지, 특히나 그대처럼 일체에 대해서 처방하고 조제해 줄 수 있을 뿐만 아니라, 일체를 해체할 수도, 또 말살할 수도 있는 변증법적인 해체력解體力을 소유하고 있는 경우에는 더욱 그렇다는 것을 나도 모르는 바가 아니다.(이것이냐2, 328)

하지만 제 아무리 변증법을 통하여 세계를 해체하고 다시 정립할 수 있다고 해도, 인간의 정신은 본질적으로 세상의 것만으로는 우울함을 극복할 수가 없다. 왜냐하면 "어떤 유한한 것도, 온 세계라 할지라도 영원한 것에 대한 욕구를 느끼고 있는 인간의 영혼을 만족시킬 수는 없기 때문이다.(이것이냐2, 393)" 이러한 사실에 비추어 볼 때, 정신의 입장에서 보자면 그것이 아무리 멋지고 거창하게 보이더라도 인생의 멍에를 지고 있다는 사실은 단순하게 '정신적으로 존재한다'는 사실보다 큰 것이 못된다. 만일 그렇지 않다면 그것은 곧 정신의 자기 기만적인 행위가 될 것이다. 왜냐하면 정신은 무한이나 영원과 관계하는 것이지만, 세상의 멍에는 본질적으로 시간적인 것 속에 있는 것이기 때문이다. 그렇기 때문에 정신이 진정으로 정신으로 규정된다는 것은 세상으로부터의 초월 혹은 초탈을 체험하는 일이다. 그러기 위해서는 정신이 세상에 대해 절망하여야 한다. 그래서 키르케고르는 지속적으로 '절망하라!'고 충고하고 있는 것이다. 이러한 절망을 학자들은 '반성된 절망'이라고 한다. '단순한 절망' 혹은 '직접적인 절망'이 세상 속의 어느 하나에 대해서 포기하는 것이라면, '반성된 절망'이란 세상 그 자체의 허망함에 대해 절감하고 세상에 대한 기대 자체를 거두어들이는 것을 말하는 것으로 '이차적인 절망' 혹은 '형이상학적인 절망'이라고 할 만한 것이다. **인간은 이러한 진정한 절망 즉 '반성된 절망'을 통해서만 이 세상에서**

초탈할 수 있고 이 세상을 극복할 수가 있으며, 이 세상에서 빠져나와 영원한 것에 속할 수가 있다. 이러할 때야만이 오히려 세상을 잃지 않고 최후적으로 온 세상을 획득할 수 있다는 것이 실존주의의 역설이다. 이는 다시 말해서 인간은 그의 실존적인 에토스, 즉 궁극적인 생의 목적을 이 세상에서는 결코 획득할 수 없다는 것을 절감하라는 것이며, 그리하여 자신의 내면에서 이러한 에토스를 발견하라는 것이다. 이러한 내면성만이 온 세상이 사라질 그날에도 전혀 흔들림 없이 굳건하게 자기-자신으로 남아 있을 무엇이기 때문이다. 바로 이러한 것이 "자신의 영원한 타당성 속에서 자기 자신을 의식하게 된다는 것"이 의미하는 바이며, 이러한 경우에만이 "세상에 있는 다른 모든 것보다도 (자기 자신이) 큰 의미를 갖는 순간"이 되는 것이다.

그런데 왜 세상에는 이렇게 정신적으로 규정되고 세상을 초탈하고 있는 사람들을 보기가 그토록 어려운가? 여기에는 두 가지 이유가 있다. 첫째는 논리적으로 볼 때 너무나 단순한 이러한 사태(반성된 절망)가 현실 속에서는 마치 자기-자신이 소멸되는 것 같은 엄청난 일로 다가오기 때문이다. 키르케고르는 "그 순간 그대는 마치 그대 자신을 잃는 듯 싶고, 마치 그대는 존재하지 않는 듯 싶다(이것이냐2, 400)"고 말하고 있다. 이는 사실이다. 우리는 어떤 세속적인 것을 포기하는 일을 마치 자신의 목숨을 잃는 것으로 여기고 집착하는 사람들을 자주 볼 수 있다. 어떤 이들은 그들의 직업에, 어떤 이들은 그들의 직위에, 어떤 이들은 그들이 가진 돈에, 또 어떤 이들은 그들이 가진 외모나 명성에 자신들의 온 마음과 인생을 걸고 고수하고자 애쓰고 있다. 때문에 이 모든 것들을 총체적으로 '포기'한다는 것은 죽음보다 더 큰 것처럼 여겨지는 것이다. 이들은 본질적으로 자신들의 생의 의미를 심미적인 것들과 외적인 것들에 고착하고 있는 사람들이다. 어떤 것이 자신의 내면성에 속하지 않고 외적인 것에 속하는 것은 아무리 고상하고 소중한 것이라 하여도 이는 여전히 심미적인 것이다. 왜냐하면 이들 중에서 그 어떤 것도 영원히 고수하고 보존할 수 있는 것은 하나도 없기 때문이다.

그런데 세상에는 가끔 이러한 것들을 과감하게 포기하는 경우도 볼 수 있다. 어떤 정치가가 추문에 휩싸이면 과감히 자신의 직위를 포기하고 저작에 몰두한다든가, 혹은 어떤 직장인이 미련 없이 직장을 포기하고 귀농을 결심한다든가 하는 경우이다. 하지만 이것 역시 진정한 심미적인 실존을 극복한 것은 아니다. 그가 포기한 것은 수많은 것 중 하나일 뿐이며, 그는 여전히 이 세상의 어떤 것에 의미를 두고 있기 때문이다. "어떤 특정한 일에 절망하는 사람은, 그의 절망이 진정한 것도 아니고, 심각한 것도 아니고, 그것은 단지 어떤 특정한 것에 대한 환멸이나 슬픔(이것이냐2, 404)"에 지나지 않을 수 있기 때문이다. 진정한 절망은 이러한 것이 아니다. **진정한 절망은 어떤 의미에서 세상의 것 일체에 대해서 절망하는 것을 말한다.** 자신의 행복이 자신을 둘러싸고 있는 어떤 외적인 것들에 달려 있다고 믿는 이상 사람들은 절망을 통해서 세상을 사랑할 수가 없고 증오할 수밖에 없다. 하지만 자신의 행복이 오직 자신의 내면성에 달려 있는 것이라고 생각한다면, 절망을 통해서만 오히려 진정으로 세상을 사랑할 수가 있게 된다. 왜냐하면 진정으로 절망하는 사람은 영원한 인간을 발견할 수 있고, 이 영원한 인간에게서는 모든 것이 평등하기 때문이다. 다시 말해서 **세상이 부여한 모든 본질들을 포기한 이후에 획득할 수 있는 영원성으로서의 인간에게는 세상의 모든 상대적인 기준이 소멸되었기 때문에, 그는 모든 것에 동일한 의미, 동일한 가치를 부여할 수가 있는 것이다.** 그래서 진정한 절망에서 부각되는 것은 '내면성'이며, 이는 영원한 것과 관계하고 있는 한 개인의 자기의식이다.

바로 이러한 이유로 키르케고르는 '시인詩人'의 실존을 그 자체로 불행한 실존이라고 말하고 있다. 왜냐하면 시인은 본질적으로 현실보다는 이상 안에서 자기 자신을 추구하고 있기 때문이다. 실존주의자에게 있어서 진정한 이상은 현실적인 것이다. 다시 말해서 시 속에서 노래하고 있는 이상이 현실 안에서도 이루어져야 한다. 객관적이고 논리적인 사상도 마찬가지다. 이는 객관성과 논리성이라는 안전함 속에 안식하고 있지만, 여기에는 '몰인격'이 도사리고 있다는 측면에서 여전히 어둠 속에 있다. 사상가는 스스로 회의하겠지만, 그러나 회의는 절망이 아니다. 회의는 차별에 관계하고 절망은 절대에 관계한다. 회의한다는 것은 어느 하나를 의심한다는 것이며, 이를 통해 하나의 문제를 해결하고 안정을 얻을 수 있을 것이다. 하지만 이러한 방식으로 세계 전체를 회의할 수는 없는 법이다. 반면 절망은 회의보다 훨씬 깊은 것이고, 훨씬 완전한 표현이며, 훨씬 포괄적인 것이다. **세상에 대해 절망한다는 것은 자기-자신을 영원한 타당성 속에서 설립하는 일이기 때문이다.** 키르케고르는 "인격은 절망 속에서만 안정할 수가 있지만, 필연성에 의해서가 아니라, 자유에 의해서 절망한다"라고 말하고 있다. 이는 말하자면 절망은 저절로 주어지는 것도 아니며, 세상의 어떤 환멸스러운 일을 통해서 필연적으로 주어지는 것도 아니라는 것이다. 인간은 자신이 원하기만 한다면 그 어떤 불운이나 그 어떤 재난 속에서도 여전히 세상의 어떤 것에 기대를 가질 수 있다. 그렇기 때문에 세상에 대한 절망은 스스로 원하는 것이며, 스스로 선택하는 것이다. 따라서 윤리적인 실존이 선과 악에 대한 선택에 있어서 가장 크고 가장 결정적이며, 가장 최후적인 선택이 곧 '세상에서 절망한다는 것'이다. 세상에 대해 절망한 사람만이 "절망 속에서 절대적인 것"을 선택하고, "자기-자신을 절대적으로" 정립하는 것이기 때문이다.

5. 자아의 역사성과 윤리적 인생관

어떤 '절대적인 것'을 선택한다는 것과 이것을 '절대적으로' 선택한다는 것은 다른 것이다. 키르케고르는 하느님을 선택한 유대인마저도, 비록 '절대적인 것'을 선택하기는 하였지만, '절대적으로' 선택하지는 않았다고 보고 있다. 그렇기 때문에 그들이 선택한 것이 "절대적인 것이 되지 못하였고, 유한한 것이 되고 말았다(이것이냐2, 415)"고 이해하고 있다. 사실이 그러하다. 그들은 어느 순간 하느님에 대해서 푸념을 하고 불만을 터뜨리고 실망을 하였다. 그리고는 하느님의 방식보다는 자신들의 방식으로 세계를 이해하고 진리를 이해하고자 하였다. 그들은 절대자를 선택하기는 하였지만 이를 '절대적으로' 선택하지는 못한 것이다. 그렇다면 어떤 것을 '절대적으로' 선택한다는 것은 무엇을 말하는 것인가? 이는 곧 '자기 동일성'에 대한 선택 혹은 '자기 동일성으로서' 선택한다는 것을 말한다. 가령 어떤 사람이 '그 누구를' 사랑하기로 선택한다는 것과 자기 자신을 '사랑하는 사람'으로 선택한다는 것은 엄청난 차이를 가지고 있다. 전자는 단 한 사람을 확실하게 사랑하기는 하겠지만, 다른 모든 사람에 대해서는 사랑할 수가 없거나 최소한 동일한 방식으로 사랑할 수가 없을 것이다. 하지만 후자는 그의 본질이 사랑하는 자이기에 그 대상에 있어서 제한이 있을 수가 없다. 바로 이것이 무엇을 '절대적으로' 선택한다는 것이며 '자기 동일성으로서' 선택한다는 의미이다. 그래서 '선민사상'을 가지고 있는 한 유대인들은 '절대적으로' 선택한 것은 아닌 것이다.

인간은 타인이 가지고 있는 어떤 좋은 것을 희망하는 소원을 가지고 있지만, 이러한 소원은 결코 절대적인 것이 될 수가 없다. 그녀가 가진 아름다운 외모를 나도 소원할 수 있고, 그의 명철한 지성이나 그가 가진 재능을 나도 소원할 수는 있겠지만, 완전하게 그와 동일해지는 것을 바라지는 않는다. 왜냐하면 인간이란 "남이 되기보다는 그들 자신으로 있는 기쁨에 대한 완전무결한 추상적인 표현(이것이냐2, 417)"을 가지고 있기 때문이다. 세

상 모든 것이 변하여도 자신은 그대로 '자기-자신'인 것으로 남아 있고자 하는 이러한 갈망이 곧 '자기 동일성'에 대한 갈망이며, 이는 인간 속에는 어떤 절대적인 것이 존재하고 있다는 '징표'이다. 키르케고르는 이러한 '자기 동일성'에 대한 추구를 '절대적으로 추구하는 한 양식'으로 이해하고 있는데, 이는 곧 '인격의 영원한 타당성'이 의미하는 것이며, 이에 대한 가장 추상적인 표현이 '자유'이다. 그는 한 자살자의 예를 들어 이를 설명하고 있는데, 자살이란 인간이 가진 자유의지의 극단적 표현이다. 하지만 모든 자살자가 진실로 자기 자신을 말살하고자 하는 것이 아니라, 다만 자기 자신을 위해서 자기의 다른 한 형식을 원하고 있을 뿐이다. 그래서 그는 영혼의 불명성에 대한 가장 큰 확신을 가진 사람들 중에서도 자살자를 찾아볼 수가 있다고 한다. 즉 자살자는 하도 복잡하게 얽혀 있는 그의 존재를 자살이라는 것을 통해서 다른 하나의 절대적인 형식을 찾으려고 기대하였다고 분석하고 있다. 실존주의의 입장에서 보자면 자살이란 복잡하고 모호한 존재의 얽힘에서 자기 자신을 상실하고 있는 한 사람이, 육체의 죽음이라는 선택을 통해서 자신의 동일성을 되찾고자 하는 최후의 선택이라고 볼 수 있는 것이다.

하지만 세상 모든 것이 변하여도 '자기-자신'이라는 것은 변하는 것이 아니다. 자살자의 오류는 자기 자신을 선택함에 있어서 '절대적으로' 선택하지 못한 것에 있다. 다시 말해서 자기 자신을 무한한 의미에서가 아니라 유한한 의미에서 선택하였다는 것이다. 유한한 의미에서 자기 자신을 선택한다는 것은 곧 자기 자신을 다른 모든 유한한 것들 중의 하나로서 선택하는 것을 의미하고, 따라서 엄밀한 의미에서는 그 역시도 '유한한 것'이 되고 만다. 이는 영원한 것 혹은 절대적인 것을 가능성으로 지니고 있는 정신의 입장에서 보자면 '자신이 아닌 것'이 되어 버린다. 존재가 복잡하게 얽혀 버린다는 말은 자기 자신의 실존 속에 자기 자신이 아닌 것이 너무나 많이 존재한다는 것을 의미하며, 이는 자아의 통일성을 불가능하게 한다. 자기 자신이 아닌 것은 곧 자기에게 의미가 없는 것이므로, 이러한 무의미한 것이 많아질수록 실존은 무겁고 암울하게 된다. 이렇게 하여 인간은 결국 우울한 실존으로 전락하고 살아갈 힘을 잃게 되는 것이다. 자기란 "선택과 더불어 존재 속으로 들어오는 것(이것이냐2, 418)"이기에 선택된 것은 현존하고, 선택되지 않은 것은 현존하지 않는다. 한번 자기 아닌 것을 선택한 사람은 나중에는 결국 '자기 자신'이라는 것 즉 '자기 동일성'을 박탈당한 존재가 되어 버리는 것이다. 자기 자신을 완전히 박탈당한 사람은 그 무엇에도 의미를 가질 수가 없고,

그래서 의미 있는 삶을 살아갈 힘이 어디에도 없는 것이다. 이렇게 하여 자살이라는 것이 자기 자신을 새롭게 정립하고자 하는 하나의 유혹으로 나타나는 것이다. 따라서 자기 자신을 상실하고 우울하고 무의미한 삶을 영위하는 대다수의 현대인들의 '자기 소외'는 그 책임이 자신의 선택에 있다. **영원성과 관계된 자기 자신을 소유한다는 것, 이것이야말로 유신론적인 실존주의자에게 있어서 가장 소중하고 엄숙한 것이며, 가장 원래적인 의미의 혹은 있는 그대로의 '인간적인 것'을 의미하는 것이다.**

> 우리가 우리 자신을 영원한 상자에다 영원히 귀속시킬 때, 우리가 우리 자신을 어떤 시간의 흐름조차도 지워 버리지 못하는 기념할 만한 인간으로 받아들일 때, 우리가 우리 자신을 영원하고 변함 없는 의미에서 우리가 있는 그대로의 인간으로서 깨닫게 될 때, 그 순간은 엄숙하고 의미 깊은 순간이다.(이것이냐2, 400)

아마도 우리는 이러한 실존을 소유하고 있는 자만이 'religion', 즉 '다시re-연결하다ligion'라는 어원이 말해 주듯이 진정한 종교적인 실존을 가진 자라고 할 수 있을 것이다.

영원성과의 관계를 확고하게 정립하지 않는 한, 모든 인간에게는 항상 유한한 것으로 전락할 위험이 도사리고 있다. 어떤 의미에서 모든 인간은 영원한 것과 시간적인 것, 무한한 것과 유한한 것 사이에서 흔들리는 존재이며, 불안한 존재이다. 바로 여기에서 '역사성'의 진정한 의미가 발생한다. 나 자신은 無에서 창조되지만, 일단 정신적인 존재로서 나 자신을 선택하게 되면 '나의 역사'가 시작된다. 이 '나의 역사'라는 것은 진정으로 혹은 실존의 의미로서 내가 속한 곳에 존재하는 모든 것과의 관계성을 가지는 것을 말한다. 그래서 키르케고르는 나의 역사란 "무한한 다양성"을 가지는 것이라고 말하고 있다. 엄밀히 말해 자연은 역사를 가지고 있지 않다. 역사는 본질적으로 정신적으로 규정된 존재의 무엇이기 때문이다. 이 역사는 관계성을 통해서 다양성이라는 방식으로 주어지게 된다. "그는 이 역사 속에서 인류의 다른 개인과 인류 전체와 관계하고", 또한 "이 역사에 의해서만 (정신적으로) 현존하고 있는 그(이것이냐2, 419)"가 된다. 여기서 우리는 역사에 대한 키르케고르의 독특한 사유를 보게 된다. 역사란 단순히 시간의 흐름이나 사건들의 연속이 아니며, 역사 교과서를 통해서 배우는 이야기들의 흐름이 아니다. 이러한 것 역시도 역사라고 할 수 있다면 이는 '추상적인 역사'일 것이며, 구체적인 한 개인의 역사는 아니다. 왜냐하면 이러한 것들은 한 개별자의 개인적인 실존과는 무관한 것들이기 때문이다. 그렇기 때문에 민족의 역사나 세계사란 한 개인의 역사와는 별개의 것이다. 진정한 나의 역사란 내가 그곳에 (정신적으로) 현존하고 있는 역사를 말하는 것이다. 그렇기 때문에 진정으로 내가 현존하고 있는 사회나 민족 혹은 인류의 역사란, 즉 나에게 진정으로 의미 있는 민족의 역사 혹은 국가의 역사란 오직 내가 이러한 사회나 국가로부터 초탈하였을 때만 가능하다. 왜냐하면 "가장 고립되어 있다고 생각되는 바로 그때에, 그는 그를 전체와 연결시켜 주고 있는 뿌리 속으로 철두철미하게 흡수되기 때문이다.(이것이냐2, 419)" 사실이 그러하다. 만일 한 개인이 진정으로 한 국가나 인류와 실제적인 관계성을 가진다는 것이 의미 있는 것이라면, 즉 이러한 것에 진정으로 현존한다는 것은 이러한 구체적인 한 사회로부터 빠져나와 절대자 혹은 무한자와의 관계성을 가진다는 한에서만 가능할 뿐이기 때문이다. 즉 신의 현존과 일치된 자만이 진정으로 지구의 반대편에 살고 있는 사람들이나 그들의 사건들에 대해서 실존적인 의미를 가진 어떤 사건일 수가 있다. 이러한 개인의 역사성을 가진다는 것은 용기를 필요로 하는 일이며, 힘겨운 일이다. 왜냐하면 이는 매 순간 자신의 가족이나, 민족 혹은 국가로부터 이탈하고자 하는 자기초탈의 노력을 요하는 것이기 때문이다. **요컨대 진정한 자기 역사를 가진다는 것은 혈연이나 지연 그리고 정치적인 이념 등의 모든 인간의 자연적인 귀소본능을 초극하여 영원성 혹은 무한자와의 관계성을 가지고자 하는 노력을 통해서만 가능하기 때문이다.** 그리고 오직 신과의 관계성이 올바르게 정립된 자만이 진정으로 현실의 모든 것과 실존적인 관계성을 가질 수 있기 때문이다. 키르케고르는 이러한 개인의 역사를 가지는 것을 "자유의 정열"이라고 부르며 또한 "영원한 축복"을 소유하는 것에 비길 만한 것이라고 한다. 그리고 이러한 개인의 역사성이 그의 "영원한 존엄성"이며 "신적神的인 요소(이것이냐2, 486)"라고 말하고 있다.

이러한 개인의 역사성을 가지는 것의 방식 혹은 영원성과의 관계를 가지게 되는 방식을 키르케고르는 "뉘우침(회개)"이라고 표현하고 있다. 나아가 하느님을 사랑하는 것 역시도 "뉘우침"이라는 방식으로 이루어진다고 말하고 있다. 이 뉘우침은 그가 레기네 올센과의 결별을 선언하면서 "만일 내가 참회자가 아니었다면 나는 매우 행복한 결혼생활을 하게 되었을 것"이라고 말하였을 때의 그 참회자의 실존양식을 말하는 것이다. 그렇다면 왜 신과의 관계성을 가지는 것과 신을 사랑한다는 것이 "참회자"의 양식을 취할 수밖에 없는 것일까? 종교적 의미에 있어서 '참회(회개)자'란 자기 자신을 절대적인 것 안에 설립하기 위해서 일체의 상대적인 것에서 돌아서는 자를 말한다. 하지만 인간이란 "그가 하느님 안에서 자기 자신을 발견할 때까지는 자기 자신에게로, 가족에게로, 인류에게로 되돌아가는(이것이냐2, 420)" 나약한 존재일 뿐이다. 그런데 역설적으로 이러한 조건 속에서 인간은 비로소 절대적인 것을 '선택'할 수 있게 된다. 인간이 본성적으로 신을 잊어버리고 세상에 침잠하게끔 되어 있다고 한다면, 이는 세상으로부터 이탈하여 신을 '선택'할 수 있기 위해서인 것이다. 바로 이 '자유로운 선택'이 고귀한 것이며, 이러한 자유로운 돌아섬이 곧 '뉘우침'이라는 형식으로 표현되는 것이다. 마찬가지로 "하느님이 먼저 나를 사랑하셨다"는 성경의 말이 진실이라면, 인간이 하느님을 사랑한다는 것은, 사실상 하느님의 사랑을 회피하지 않고 수용한다는 의미가 되는 것이다. 세상에는 온갖 종류의 사랑이 있고, 이 사랑들은 한결같이 고유한 의미와 방식을 가지고 있다. 누구도 자신의 부모님이나, 자신의 선생님이나, 자신의 애인을 동일한 방식으로 사랑할 수 없으며, 또한 인간을 사랑하는 것과 동일한 방식으로 신을 사랑할 수는 없는 일이다. 신은 오직 신으로서만 사랑받을 수 있을 뿐이며, 그 방식은 곧 참회자의 방식이다. 엄밀한 의미에서 신은 인간의 사랑을 필요로 하는 존재가 아니다. 인간은 신의 은총과 사랑을 필요로 하는 존재이지만, 반면 신은 자신의 사랑과 은총을 수용할 인간을 필요로 하는 것이다. 그래서 인간이 신을 사랑한다는 것은 곧 신의 은총과 사랑을 외면하지 않는다는 것을 말하는 것이 된다. 그래서 신을 사랑한다는 것은 곧 세상에 침잠한 나의 실존을 세상으로부터 들어 올려 신의 사랑에 마음을 활짝 여는 것이 된다. 바로 이것이 '참회'의 의미인 것이다. 그래서 뉘우침은 곧 '선택'이라는 형식으로 주어지는 것이다.

뉘우침을 선택한다는 것은 곧 종교적 실존으로 도약하다는 것을 의미하며, 이러한 뉘우침을 선택하는 데 있어서 자유로운 자가 곧 진정한 의미의 자유를 획득한 자이다. 그래서 "자유가 크다는 것은 곧 죄과가 크다는 것"을 의미하기도 한다. 다시 말해서 보다 자신의 죄과를 분명히 이해하는 자만이 세상으로부터 돌아서서 신을 선택한다는 것이 분명해진다. 이것이 곧 "자기 자신을 절대적으로 선택"한다는 의미이다. 키르케고르는 유대인들이 범한 오류는 자기 자신을 '절대적으로 선택하는 것'에 이르지 못한 것이라고 분석한다. 유대인들은 선조들의 죄과를 인정하기는 하지만, 이러한 죄과를 인간의 보편적인 죄성으로 이해하지 못하였기에, 즉 자기 자신의 죄과로 이해하지 못하였기에 이 죄과를 뉘우칠 수가 없었고, 그렇기 때문에 그들은 자유를 획득하지 못한 것이다. 키르케고르는 선조들의 죄과를 뉘우치지 못하는 일, 즉 자신의 죄성으로 인정하지 못하는 것을 비겁한 것이거나 천박한 것이라고는 할 수 없지만, 소견이 좁고 고매한 마음이 결여된 것이라고 비판하고 있다. 그래서 **인간의 보편적인 죄성을 인정하는 것을 그는 "단 하나의 근원적인 선택"이라고 말하고 있다.** 그리고 "이 근원적인 선택은 뒤따르는 모든 선택에서도 항상 존재하는 것이다.(이것이냐2, 425)" 이러한 근원적인 선택만이 세상에서 절망할 수 있으며, 세계를 이전과는 다른 눈으로 볼 수 있게 하며 또한 죄로부터 정신의 해방을 야기할 수 있으며 나아가 자유의 세계를 거닐 수 있게 하는 것이다.

따라서 키르케고르에게 있어서 '윤리적인 인생관'이란 단 하나의 인생관이 있을 뿐이다. 그것은 그의 "양심에게 있어서 전부라고 할 수 있는 선"을 선택할 수 있는 자유를 획득하는 것뿐이다. 이외 일체의 것은 그럴싸하게 보여도 심미적인 실존의 어떤 것이다. **참회자란 인간이 본질적으로 죄성(악의 가능성)을 포함하고 있다는 것을 인정하는 자이며, 또한 그럼에도 이러한 악이 필연적으로 인간에게 속하는 것은 아니라고 주장하는 자이다.** 그래서 일반적인 인간의 삶이란 ―참회자의 입장에서 보자면― 직접적으로 현재 그가 존재하는 그곳에 머무르고자 하는 것이며, 현재 그의 존재에 속하는 그것에 안주하고자 하는 것이며, 이것이 심미적인 실존의 본질적인 국면이다. 반면 윤리적인 실존은 앞으로 그가 '되어야 할 존재'에 관심을 기울이는 존재의 국면이며, 이는 그의 자유를 통해서 실현된다. 따라서 **심미적인 실존은 필연에 의해서 움직이며, 윤리적인 실존은 자유에 의해서 움직인다.** 심미적인 실존도 선택하기는 하지만 그의 선택의 기준은 '상대적인 차이' 혹은 '많고 적음의 양의 차이'에 지나지 않는다. 반면 윤리적인 실존은 일종의 절대적인 차이인 선과 악의 차이를 그 기준으로 삼으며, 결국은 그가 되어져야 할 존재로 발전한다. 윤리적인 실존의 사람도 심미적인 실존을 여전히 가지고 있겠지만, 심미적인 실존은 윤리적인 실존에 그 우선권과 수위성을 양보하게 된다. 심미적인 실존도 그것의 진지성으로 인하여 인간의 삶에 많은 도움을 주겠지만 그것은 결코 인간으로 하여금 '되어져야 할 존재'로 이끌어가지는 못하며, 오직 윤리적인 실존만이 그렇게 할 수 있다. 즉 윤리적 실존은 종교적 실존의 기본전제이다. '선한 존재가 된다는 것,' '자기-자신이 된다는 것,' '진실한 존재가 된다는 것,' '내적인 존재가 된다는 것,' '되어져야 할 존재를 선택한다는 것' 그리고 '자기 동일성을 절대적으로 선택한다는 것' 등은 모두 동일한 사태에 대한 다양한 관점의 이해들이며, 이러한 것이 윤리적인 실존의 본질적인 양상인 것이다.

6. 윤리적 실존에서 보편자와 개별자의 문제

키르케고르에게 있어서 자기-자신이 된다는 것과 선한 존재가 된다는 것은 사실 동일한 사태의 두 가지 양상을 말하는 것이다. 하지만 여기에는 외형적으로 하나의 모순이 나타난다. 자기-자신이 된다는 것은 곧 개별적인 인격을 완성해 간다는 것이며 따라서 보다 개별적인 것이 된다는 것이다. 반면 선하게 된다는 것은 보다 일반적인 혹은 보편적인 것이 된다는 것을 의미한다. 어떻게 하나의 존재가 보다 개별자가 되는 동시에 보다 보편적인 존재가 될 수 있는가? 사람들이 심미적인 차이에 모든 의미를 부여하게 되면 윤리적인 보편성을 상실하여 결국 자신을 잃게 된다. 반면 윤리적인 보편성을 뛰어넘어 곧 바로 '영원성'을 선취하게 되면 이 역시 시간적인 것을 상실하고 무감동에 빠져 구체적인 자기 자신(자기 역사)을 상실하게 된다. 즉 구체적인 삶이 상실되고 이상적인 '형식'만이 남게 된다. 그 어느 것도 인간적인 인격이 추구할 것은 못된다. 그렇다면 이러한 모순이 발생하는 원인은 무엇일까?

근본적으로 개별적인 것에 보다 많은 관심을 갖고 남들보다 뛰어나고자 하는 '차이'에 보다 의미를 두고 있는 현대인에게 있어서 이러한 개별적인 것과 보편적인 것의 모순은 보다 분명해지며, 바로 여기에 현대인의 오류가 있다. 키르케고르는 현대인들은 '차이'를 통해서 뛰어난 존재가 되지 못하는 것에 대해서 수치심을 가지고 있다고 지적하는데, 이는 심미적인 실존의 특성이기도 하다. 즉 현대인들은 "선량한 인간으로 존재한다는 것을 인생에 있어서 지극히 하찮은 경력(이것이냐2, 442)"으로 고려하고 있으며, 이러한 생각이 더 이상 보편적인 것을 추구하지 않게 하고 개별적인 기분에 집착하게 한다고 분석하고 있다. 자신의 개별적인 기분에 집착하기에 그는 남들보다 더욱 높은 자리에 오르려고 하는 것이다. 하지만 높은 곳으로 올라갈수록 개별성은 사라지고 보편성만이 남게 된다는 역설이 있다. 이 때문에 이는 또한 하나의 절망을 야기한다. 이러한 절망을 벗어나기 위해서 이들은 아주 사소한 차이라도 발견하면 어느 차이가 더 중한 것인가를 두고 논쟁을 벌이게 되겠지만, 하지만 이러한 차이는 근본적으로 개별성으로서의 정신적인 존재를 야기하지는 못한다. 이들이 여기서 해방되는 것은 어느 하나에만 절망하는 것이 아니라, 전적으로 절망하는 것 즉 세계 그 자체에 대해서 절망하여야 한다. 즉 이들은 세상에 대한 절망을 통해 자신들이 소유한 작은 차이들을 잃을까 두려워하는 것에서 해방되는 것이다. **개별자는 전체적으로 차이이고 다름이다. 만일 이들이 세상의 것에서 초탈하여 개별적인 자신의 인격을 확고하게 소유하고 있다면, 이러한 차이를 상실할까 두려워하는 일 따위는 하지 않을 것이다.**

그런데 윤리적인 존재가 된다는 것은 필연적으로 개별적인 것, 혹은 차이를 포기하는 것인가? 그렇지 않다. 윤리적으로 살고 있는 사람도 개별성의 기분을 상실하지는 않는다. 다시 말해서 윤리적으로 존재하는 사람도 심미적인 실존을 그대로 간직하고 있다. 다만 윤리적인 실존으로 도약하면서 심미적인 실존이 보다 상대화되었다는 것을 의미할 뿐이다. 만일 한 개인의 인격이 심미적인 실존 안에서만 살고 있다면, 이는 삶을 순간으로 살고 있다는 것이며 인격은 지속성을 상실하게 된다. 반면 윤리적인 실존 안에서 그의 삶은 보다 지속적으로 자신의 인격을 유지하게 된다. 심미적인 실존은 그의 삶의 중심을 외적인 것에 두고 있으며, 그렇기 때문에 기분에 좌우되는 것이고 순간 순간을 살고 있는 것이라면, 윤리적인 실존이란 자기의 삶의 중심을 자기 안에 가지고 있으며, 자신의 생활의 기억을 가지고 있고, 따라서 지속성을 지니고 있다. 인격이라는 측면에서 고찰하자면 심미적 실존의 오류는 가장 엄밀한 의미에서 '자기-자신'을 선택하지 않은 것에 있다. 비록 '심미적 차이'라는 것을 통해 자기 자신을 선택하였다고 주장한다고 하더라도 이는 어디까지나 자신의 바깥에서 자기-자신을 선택하였다는 말이며, 비유를 하자면 구체적인 자기 자신(자신의 실체)을 선택한 것이 아니라, 자신이 입고 있는 옷을 선택하였다는 것과 같은 것이다. 윤리적인 실존이 선택하는 자신은 이러한 방식과는 근본적으로 다른 것이다. 윤리적인 실존은 앞서 말한 "단 하나의 근원적인 선택"에 기초해 있고, 이후 모든 선택에 이러한 근본적인 선택이 중심을 이루고 있다. '자신의 죄성' 혹은 '보편적인 인간성의 죄과'를 긍정하는 이러한 근원적인 선택이 자유의지의 선택을 통해서 이루어졌기 때문에 이는 본질적으로 행동적이고, 이 행동이 전적으로 자신의 책임이라는 의식을 가지고 있다. 그렇기 때문에 이러한 근원적인 선택이 곧 '자기-자신'의 토대를 이루게 되는 것이다. 키르케고르는 이러한 결단의 행위를 다음과 같이 묘사하고 있다.

> 그리스도교적인 인생관은 일체가 죄 밑에 있다는 결론을 내리고 있다. 철학은 하도 심미적이기 때문에 그런 결론을 내릴 만한 윤

리적인 용기를 가지지 못한다. 그러나 이 용기야말로 인생을 구할 수 있고 인간을 구할 수 있는 유일한 것이다. … 개인은 자기 자신을 자신의 자유의지에 의해서 선택하였기 때문에, 바로 그런 까닭에 행동적이다. 그의 행동은 어떤 주위의 세계와도 아무런 관계도 갖지 않는다. 왜냐하면 개인은 그런 관계를 모조리 말살하고 오로지 자신의 힘만으로 존재하기 때문이다. 이때에 나타나는 인생관이 바로 윤리적인 인생관이다.(이것이냐2, 466)

인간이 자신의 선택에 있어서 자기 자신을 떠맡고, 옷을 입듯이 자기 자신을 입고, 자기 자신을 완전히 침투시켜서 그 결과로 모든 운동이 자신의 책임이라는 의식이 수반될 때, 비로소 그는 자기 자신을 뉘우친 셈이 되고, 그때야 비로소 그는 구체적이 되고 그때야 비로소 자신의 전적인 고립 속에서 그가 속하고 있는 현실과의 절대적인 지속성에 있게 된다.(이것이냐2, 482)

이러한 실존적인 선택에 있어서 그 본질적인 국면은 두 가지이다. 하나는 완전히 주체적이 된다는 것이며, 다른 하나는 현실과의 절대적인 지속성이다. 즉 나와 세상 사이에서 발생하는 일체의 것을 나 자신의 자유로운 선택으로 받아들이며, 이로써 역사가 나의 역사가 된다는 것이며, 이와 동시에 세상의 현실이 나의 현실이 된다는 것을 의미한다. 물론 여기서 말하는 윤리적인 인생관은 분명 '실존주의'의 인생관이다. 그리고 이러한 인생관이 한 인간은 자신의 내면에 '죄성'이 있고, 또 전 인류가 동일한 진실을 가지고 있다고 하는 것을 수용한다는 차원에서 '그리스도교의 윤리관'이라고 해야 할 것이다. 물론 여기서 '인간의 죄성'이 의미하는 바가 다만 '인간이란 선함이 부족한 존재'라는 소극적인 의미로 취해지게 된다면 이는 보편적인 윤리관이라고 해도 좋을 것이다. 어쨌든 키르케고르에게 있어서 윤리적인 실존이 된다는 것은 이처럼 죄성에서 출발하여 이러한 죄성에서 해방되고자 하는 '뉘우침'을 감행하고 이후 모든 것이 '선과 악'에 대한 자유로운 선택이라는 방식으로 나타난다. 그리고 이러한 구체적인 삶의 선택을 통해서만 한 개인은 비로소 '인격자'로서의 개인이 되는 것이다. 이러한 까닭에 그는 이 장의 말미에서 중세의 은수자나 신비주의에 대해서 나름 심도 있게 분석하면서 이들에 대한 그 자신의 비판적인 시각을 숨기지 않는다. 물론 여기서도 신비주의 그 자체를 비판하는 것이 아니라, 흔히 범할 수 있는 신비주의의 오류를 비판하는 것이다. 신비주의자가 실존주의적 사유와 잘 어울리는 것은 신비주의자가 만물을 덧없는 것으로 여기면서 "자기 자신을 절대적으로 선택하였다는 것"이며, 그리하여 "하느님과의 자유로운 관계 속에 있다는 것"이다. 반면 신비주의자가 종종 오류에 빠지는 것은 현실과의 지속성을 상실한다는 것에 있다. "신비주의자의 과오는 그의 선택에 있어서 자기 자신에게는 물론이고 하느님에게도 그가 구체적이 되지 못한다는 점에 있다. 그는 자신을 추상적으로 선택하고, 따라서 투명성을 결여하고 있다.(이것이냐2, 481)" 다시 말해서 신비주의가 오류를 범하고 있는 경우는 자기-자신을 절대적으로 선택하는 그 첫 선택에 있어서 구체적이고 행동적이지 못하고 형이상학적인 명상에만 안주할 때이다.

우리는 이러한 키르케고르의 사유에서 철학사의 초기부터 현대에 이르기까지 항상 논란의 대상이 되고 있는 개별자와 보편자 사이의 관계성에 대한 그의 견해를 분명히 이해할 수가 있을 것이다. 진정한 개인 혹은 개별자란 우선 윤리적인 실존을 살고 있는 사람을 지칭한다. 왜냐하면 윤리적인 실존이 된다는 것은 자기-자신을 선택하면서 전체 혹은 무리 속에서 빠져나온 단독자를 의미하기 때문이다. 그는 자기 행위의 원리인 '자기-자신(자아)'를 자기 내면에 가지고 있는데, 이는 절대적으로 선택한 자기 자신 즉 그 어떤 것에도 의존하지 않는 개별적인 존재이기에 주체적이다. 이러한 개별자는 자기 자신이 선택한 것에 대해서 절대적으로 책임성을 가지고 있으며, 그렇기 때문에 '일반성' 혹은 '사회성'의 범주를 초월하는 절대적인 개별자의 실존양식을 지니고 있다. 바로 이러한 개별자의 실존 양식을 완성해 가는 것이 곧 '인격'을 완성해 가는 것을 의미한다. 즉 모든 인간은 자신의 개별적인 인격을 완성해 가는 것을 삶의 궁극적인 목적으로 가진다는 것이 실존주의의 사유이다. 그런데 자기-자신을 절대적으로 선택하는 윤리적 실존의 최초의 선택이 '자신의 죄성을 인정하는 것' 즉 '선과 악'에 대해 자각하고 '선한 것'을 선택하는 양태로 나타나기 때문에 여기에는 보편성이 부각되고 있다. 물론 이러한 '죄성에 대한 인정'은 키르케고르를 '유신론적인 실존주의자'로 분류하게 하는 점이다. 왜냐하면 여기서 '죄성'이란 곧 절대자로서의 하느님 혹은 영원성으로부터 돌아서서 세상의 것에 침잠해 있는 그 사태 자체를 의미하기 때문이다.

양심의 판단에 근거한 선과 악이란 상대적이거나 개별적일 수 없고 모든 이에게 공통되는 보편적인 것이기 때문에 보다 선한 것을 선택한다는 것은 보다 보편적인 것을 실현하는 것을 의미하는 것이다. 그래서 한 개인이 보다 윤리적으로 된다는 것은 개별적인 차이를 떠나 보편적인 것, 즉 선한 것을 추구하는 것이 된다. 이는 본질적으로 개별적인 존재가 되고자 하는 정신적 존재에게 있어서는 마치 자기 자신을 무화시키는 것처럼 나타나는 모순에 봉착하게 한다. 즉 윤리적 실존이 자신의 인격을 실현하는 과정에서 봉착하게 되는 외형적인 모순은 한편으로는 '보다 개별자가 되고자 하면서' 다른 한편으로는 '보다 보편자가 되고자 한다는 것'이다. 그래서 키르케고르는 "차이 속에서 뛰어나려 하지 않고, 보편에 만족하려고 원하기 위해서는 대단한 윤리적인 용기가 필요하다(이것이냐2, 443)"라고 말하고 있다. 그런데 이러한 모순은 단지 외형적인 것에 불과하다. 이러한 모순을 내면성의 차원에서 보자면 전혀 모순이 아니다. 한 개별자가 보다 개별적이 된다는 것은 보다 보편적인 것을 자신 안에 실현하면서 가능하다. 가령 마더 테레사나 안중근 의사 같은 위인들이 결코 남들이 흉내 내지 못할 위대하고 개별적인 삶을 이룬 것은 그들이 누구나가 긍정할 수 있는 보편적인 선을 자신들의 구체적인 삶 안에서 실현하였기 때문에 가능했던 것이다. 즉 **한 존재는 보다 보편적이 되면서 보다 개별적인 된다는 역설이 실존주의의 삶에 대한 분석이고 인생관이다.** 이는 한 인간존재는 탄생과 더불어 두 가지 사명을 가지고 있는데, 하나는 개별적인 '자기 자신'이 된다는 것이며, 다른 하나는 '보편적인 선'을 선택하면서 자신의 개별적인 내면성을 가져야 한다는 것을 말해 주고 있다. 이는 마치 하나의 과일이 익어 간다는 것이 보다 자신만의 모습과 색깔을 분명히 드러내고 있지만, 그 안에는 모든 과일이 공통적으로 가지고 있는 보편적인 영양소 역시 증가한다는 것과 유사한 것이다. 즉 존재는 개별자이나 보편자는 이 개별자의 내부에 존재하며, 성장 혹은 완성이란 이 두 가지 요소가 동시에 그리고 함께 성장하고 완성되어 가는 것이다. 이렇게 인간은 보다 개별자가 되면서 동시에 보다 '완전한 인간(보편자)'이 되는 것이다. 그래서 키르케고르는 **비범한 인간이란 '보편적인 것을 실현할 수 있는 그 지점에서 자신의 개별성의 극한점에 다다랐다는 사실을 깨닫는 사람**'이라고 말하고 있다.

가족이나 사회 그리고 민족이나 국가로부터 빠져나와 고독한 개별자를 체험하는 한 개인이 자신의 삶이 고통스럽고 비극적이라고 느낄 수밖에 없을 때, 그는 그의 내면에서 형성한 그 보편성으로 인하여 다시금 '현존재'와 화해를 하고 그가 거주하고 있는 구체적인 삶의 현실을 매우 사랑하게 된다는 것이 윤리적 실존을 살고 있는 사람의 모습이다. 그렇기 때문에 키르케고르는 "어떤 의미에서 모든 사람이 예외자例外者고, 또 모든 사람이 보편적인 인간인 동시에"라고 말하고 있다. 인간적으로 존재한다는 것은 이 두 가지 사실을 모두 긍정하는 것에서 주어진다. **인간이란 이 세상의 그 어떤 집단이나 단체에 대해서도 이방인과 같은 존재이며, 이와 동시에 그 모든 집단과 단체들에 대해서 평등한 형제관계에 있는 존재인 것이다.** 이를 진정으로 긍정하고 살기 위해서 요청되는 것이 곧 내면성이고 이 내면성은 그가 끊임없이 '선한 것을 선택'한다는 그 사실에서 주어진 것이다. 그렇기 때문에 이러한 사실을 깨닫고 살고자 하는 비범한 인간의 삶이란 결코 평탄하거나 시련이 뒤따르지 않는 삶을 산다고 할 수가 없다. 하지만 이러한 고귀하게 비범한 인간에게 있어서 기쁨이란 그에게 고통을 안겨 주었고 세상 사람들이 하찮은 것으로 생각한 그의 '선택'이 그로 하여금 가장 고귀한 삶을 살게 하고 있다는 그 확신에 있다.

9장
종교적 실존의 근본적 태도와 건덕적建德的인 지혜

이 책의 마지막을 마치 결론처럼 장식하고 있는 「울티마툼」* 은 지금까지 편지를 받아 온 청년에게 전해진 그의 벗인 한 목사의 설교집으로 구성되어 있다. 물론 키르케고르가 이 글의 저자를 목사로 설정한 것은 이 글이 근본적으로 성경의 내용을 해석하는 것이기 때문에 자신의 독자가 될 크리스천에 대한 친근감을 염두에 두었기 때문일 것이다. 크게 두 단락으로 되어 있는

---

* '울티마툼(ultimatum)'은 일종의 고유명사로서 라틴어나 영어에서 동일하게 사용하는 용어인데, '최후의 말,' '최후통첩' 등의 의미를 가진 용어이다.

데, 서른 페이지 남짓한 매우 짧은 글이기는 하나 '신 앞에 선 개인의 의롭지 못함에 대한 정서'라고 하는 종교적 실존의 근본적인 태도가 잘 드러나 있다. 따라서 이 글은 『이것이냐 저것이냐』의 결론이라기보다는 향후의 키르케고르의 논의의 방향성을 알려 주는 글이라고 할 수 있을 것이다.

일반적으로 사람들은 이 글을 '건덕적인 글'이라고 평하고 있지만 사실 키르케고르의 모든 저서들에는 일종의 '건덕적인 목적'이 내포되어 있기 때문에 특별히 이 글에 이러한 성격을 부여할 필요는 없을 것이다. 다만 이 글은 종교적 실존에 있어서 '의로운 자'가 된다는 의미가 무엇인가를 묻고 있다는 점에서 그리고 절대자 앞에서 인간이 지니고 있어야 할 근본적인 실존적인 자세 혹은 분위기에 대해서 강하게 역설하고 있다는 차원에서 일종의 '종교적인 훈화' 혹은 '종교적이고 건덕적인 글'이라고 볼 수 있을 것이다. 그리고 글의 특성이 신약성서의 내용을 묵상하는 형식으로 되어 있어서 독자들은 이 글을 통해서 키르케고르의 성서해석에 대한 방식을 엿볼 수 있는 기회를 가질 수 있을 것이다.

먼저 키르케고르는 「누가복음」 19장에 나오는 그리스도의 일화를 소개하면서 예루살렘을 보고 눈물을 흘리고 성전의 상인들에게 분노하며 그들을 몰아내는 그리스도의 심정에 대해서 실존적으로 분석하고 있다. 그리스도가 예루살렘을 보고 눈물을 흘린 것은 예루살렘의 멸망을 보았기 때문이고, 상인들을 보고 분노한 것은 그들의 마음속에 있는 사악함을 보았기 때문이었다. 키르케고르는 그리스도가 예루살렘을 보고 운 이유를 "예언할 시간이 이미 지났기 때문"이라고 분석한다. 키르케고르의 전문가들 중에서 예일대 교수인 메롤드 웨스트팔Merold Westphal은 『키르케고르의 믿음의 개념』에서 이 글이 '관료화된 교회'가 되어 버린 당시 덴마크의 '기독교 국가에 대한 공격'이라고 평하고 있다. 이 경우 '이미 예언의 시기가 지났다'는 것은 관습과 문화 즉 이성이 신앙의 우위에 있는 문화화된 교회가 역사적인 사실로 굳어져 버렸다는 것을 의미할 것이다. 그리고 이러한 정신적인 사조가 당시 덴마크의 헤겔주의자들의 정신사조와 맞물려 있다는 차원에서, 믿음의 문제를 개념의 문제로 다루고 있는 헤겔주의자들의 종교관을 공격하고 있는 글이라고 보아도 무방할 것이다.

우선 키르케고르는 하나의 질문을 던진다. 예루살렘의 멸망은 그 세대가 지은 죄의 대가를 그 세대의 모든 개인이 치러야 하며, 의로운 자가 의롭지 못한 자와 더불어 동일하게 고통받아야 하는 일이라고 규정한 뒤, 이러한 일이 정당한 것인지를 묻고 있다. "그렇다면 의로운 자의 운명과 마찬가지로 하느님을 두려워하는 일은 현재의 생활에는 아무런 약속도 되지 않는 것일까요?(이것이냐2, 660)"라고 묻고 이에 대한 답변은 인간은 이러한 의문을 제기해서는 안 된다는 것이다. 그는 「욥기」 40장 2절의 말씀 "너는 하느님과 다투지 말라"는 말을 인용하면서 인간은 하느님 앞에서 자신의 옳음을 증명하려 해서는 안 된다고 한다. 인간이 하느님 앞에서 옳다는 것을 주장하는 방법은 오직 한 가지, 그것은 "하느님 앞에서 옳지 못하다는 것을 배우는 것"이다. 그렇다면 인간은 왜 그가 누구이든지 하느님 앞에서는 옳지가 못한 것일까?

위의 질문에 답하기 위해 그는 자연의 피조물들과 인간존재 사이의 차이점을 부각시키고 있다. 참새와 백합은 하느님 앞에서 옳지만 인간은 그렇지 않다. 왜냐하면 인간에게만 모든 생물에게 거부되어 있는 '하느님 앞에서 옳지 못하다는 사실'이 유보되어 있기 때문이다. 이는 하나의 역설이다. 어떤 의미에서 인간 외 다른 모든 생물들은 '죄의 가능성'을 가지고 있지 않기 때문에 '하느님 앞에서 옳지 않다는 사실'이 무의미한 것이다. 즉 어떤 의미에서 자연은 항상 하느님 앞에서 옳은 것이다. 키르케고르는 이를 『들의 백합 공중의 새』에서는 "자연은 절대적인 순종이기에 절대적인 기쁨(128)"이라는 말로 표현하고 있다. 하지만 인간은 가능성의 존재이며. '죄를 지을 가능성' 즉 '죄성'을 항상 가지고 있는 존재이므로 자연에게 부여하는 이러한 사실이 인정되지 않고 보류되어 있다. 그래서 인간은 하느님 앞에서 옳지 못한 것이다. 이를 다른 차원에서 고찰하면 자연은 결코 하느님 앞에서 자신들이 옳다는 주장을 하지 못하지만, 인간은 하느님 앞에서도 자신의 옳음을 주장할 수 있는 가능성을 가진 존재이기에 오히려 하느님 앞에서 옳지 못한 것이다. 키르케고르는 『들의 백합 공중의 새』에서 "백합과 새는 하느님의 나라를 구하고 다른 어떠한 것도 구하지 않는다(139)"라고 한다. 즉 자연은 하느님의 섭리를 벗어나는 일이 없다. 하지만 인간은 그렇지 않다. 인간에게는 섭리에 절대적으로 순종하는 일이 불가능하다. 아니 이러한 것이 보류되어 있다. 그것은 인간이 '자율적인 존재'이기 때문이다. 인간은 죄를 범할 수 있는 존재이며, 누구나 이기주의자가 될 수 있는 가능성을 항상 지니고 있다. 그리고 바로 이러한 사실이 인간으로 하여금 불안하게 한다. 키르케고르는 "그대는 일찍이 이러한 불안을 가져 본 적이 없는가?"라고 묻고 있다. 그리고 뒤이어 자신이 평소에 신뢰하던 타인에게 이러한 일이 일어날까 불안해 본 적이 없는지 또 묻고 있다. 여기서 그가 주장하고자 하는 것은 인간이란 본질적으로 죄를 범할 수 있고 이기적으로 될 수 있는 존재이며, 어떤 인간도 예외일 수가 없다는 것이다. 즉 하느님 앞에서 의롭지 못하다는 것은 인간의 본성적인 사태, 즉 존재론적인 문제이다. 바로 이것이 모든 인간에게 해당되는 보편적인 진리, 즉 인간은 그의 깊은 존재 안에서 '죄성'을 가지고 있다는 것이다. **삶에서 중요한 것은 이러 저러한 나의 선행이 아니라, 나의 내면에 있는 선함이듯이, 이러 저러한 죄스러운 행위가 문제가 아니라 나의 내면에 있는 죄성이 문제인 것이다.** 그렇다면 자연의 모든 생물에게는 배제된 이러한 죄의 가능성을 인간에게는 허락한 신의 행위는 사리에 어긋나는 일일까? 그렇지 않다. 오히려 이러한 죄의 가능성과 불안이 인간으로 하여금 '무한성 속으로 데려가는 신앙'을 야기하기 때문이다. 이 글의 본론 부분은 전체적으로 이러한 사실을 다양한 각도에서 해명하는 논의로 이루어지고 있다.

그는 묻고 있다. "옳지 않다는 것 —이것 이상으로 고통스러운 감정을 생각할 수 있을까요?" 하지만 이러한 고통으로 인하여 우리가 옳지 못하다는 사실이 드물게 일어나고 마침내 이러한 희망 속에 우리자신을 확립할 수 있는 것이기에 의로운 이들은 오히려 이러한 고통을 찾게 된다. 이 시점에서 그는 사랑의 이론을 끌어들인다. 사람들은 자신이 옳았다는 생각을 통해서 마음의 안정을 찾겠지만, 사랑하는 사람은 그 반대라고 생각한다. 즉 사랑하는 자는 상대방을 변호할 만한 것을 찾으려고 애쓰기 때문에 오히려 '자신이 옳지 않았다면' 하고 생각하는 것이다. 우리는 여기서 가톨릭의 미사에서 신자들이 '내 탓이오' 하면서 가슴을 치는 상징적인 행위를 떠올릴 수 있다. 그리고 하나의 사태에 있어서 사랑하는 이에게는 항상 내가 옳지 않았다는 생각을 하게 된다는 것은 사랑이란 곧 하느님 앞에 선 인간의 태도와 동일한 것임을 의미한다. 즉 인간은 진정한 사랑을 통하여 다른 한 인간과의 '무한한 관계'에 있다는 것을 알게 된다. 우리는 이미 이러한 사실을 '첫사랑'의 주제에서 본 적이 있다. 그래서 '옳지 못하다'는 사실이 어떤 때는 고통으로 나타나고 어떤 때는 교화로서 나타난다는 것이다. 전자는 이를 인정하도록 강요당한다는 경우이고, 후자는 —사랑을 통하여— 이를 인정하려고 원하는 경우이다. 하느님과 인간의 관계는 바로 이 후자의 관계이다. 하느님과 관계하는 사람은 오직 하나의 바람, "내가 항상 옳지 못했으면" 하는 바람 밖에 없다. 하느님을 사랑하는 사람은 바로 이러한 생각 속에서만 안정과 기쁨을 찾을 수가 있다. 독자들은 이러한 키르케고르의 사유에 이의를 제기할 수도 있을 것이다. 왜냐하면 우리의 경험은 신 앞에 선 한 개인이 항상 '내가 옳지 않았으면' 하고 생각하지는 않는다는 것을 보여 주기 때문이다. 오히려 이와 정반대로 다른 모든 사람 앞에서는 어떻든지 하느님 앞에서만은 '내가 옳은 사람'으로 인정받기 원하는 사람도 있을 것이기 때문이다. 하지만 키르케고르가 말하는 옳지 않음은 윤리 도덕적으로 잘못이 있는 것을 의미하는 것이 아니다. 이는 상대적 존재와 절대적 존재, 유한한 존재와 무한한 존재 사이의 관계성에 있어서 존재론적인 어떤 태도를 말하고 있는 것이다. 따라서 한 개인이 '하느님 앞에서 내가 옳지 못했으면' 하고 생각한다는 것은 두 가지 관점에서 타당한 것이다. 하나는 혹시라도 내가 하느님 앞에서 인간이 가진 '죄성'을 부정하게 되는 잘못을 저지르지는 않을까 하는 두려움이고, 다른 하나는 하느님과의 관계성과 관련된 모든 일에 있어서 잘못이나 죄과는 그 원인이 하느님 편에 있는 것이 아니라, 나의 편에 있다는 것을 잊어버리게 되는 우를 범할까 하는 두려움의 표시이다. '하느님을 두려워한다는 것'은 바로 이러한 실존적인 분위기를 간직하는 일이다. 그리고 이러한 정서를 간직하고 있는 사람의 영혼은 유한한 것에서 무한한 것으로 관심을 돌린 사람이며, 여기서 그의 영혼은 진정한 대상을 찾았고, 그의 사랑은 행복한 사랑이 되는 것이다. 따라서 우리는 이러한 키르케고르의 사유를 "**두려움이 전혀 없는 것은 진정한 신이 아니다**"라는 옛 금언으로 대신할 수 있을 것이다.

이러한 사실은 다른 하나의 사유를 야기한다. 하느님과의 관계에 있어서 인간은 자신의 행위를 과부족過不足, 즉 근사치의 산정으로 서술할 수가 없다. 인간의 관계에 있어서는 관계를 가진 두 사람의 어떤 부족이나 결함으로 인하여 관계가 소원해지거나 또 파괴될 수가 있다. 그리고 이러한 경우 사람들은 무엇이 이러한 관계파괴의 원인인지를 따져 볼 수 있다. 하지만 하느님과의 관계는 근본적으로 이러한 '헤아림'이 무의미하다. 왜냐하면 하느님과의 관계성이란 근본적으로 "내가 옳지 않다"는 정서를 기초하는 것이기 때문이다. 다시 말해서 하느님과의 관계란 근본적으로 절대적인 관계이고 무한한 관계이기 때문에 인간의 이성으로 헤아릴 수 있는 것이 아니다. 이는 "이론적으로 증명할 수 있는 신은 이미 진정한 신이 아니다"라는 가브리엘 마르셀의 사유와 맥을 같이하고 있다. 키르케고르는 "인간이 유한하게 계산을 따질 때 성령의 불은 꺼지게 된다(이것이냐2, 680)"라고 말하고 있다. 그렇기 때문에 하느님과의 관계성을 가진 종교적인 실존은 이 관계성이 영원의 질서에 있다는 것을 확신하고 있다. "오로지 하느님에 대한 무한한 관계에 의해서만 의심은 진정되고, 오로지 하느님에 대해 무한히 자유로운 관계에 의해서만 비로소 그의 불안은 기쁨으로 바뀔 것이다.(이것이냐2, 677)" 이러한 것이 종교적 실존을 가진 신앙인의 근본적인 감정이다. 즉 **믿음은 실존적인 정열의 문제, 그것도 최고의 정열을 의미하는 것이지 결코 사상이나 개념으로 환원될 수 있는 것이 아니다.** 유한성과 무한성, 상대적인 존재와 절대적인 존재 그리고 시간적인 존재와 영원한 존재가 확고한 관계성 속으로 들어가는 것은 모든 이성적인 헤아림을 초월하는 하나의 도약이고 역설이다. 바로 이러한 거룩한 일이 인간에게서 일어날 수 있기 위해서 '하느님 앞에서 항상 옳지 않음'이 인간에게 보류되어 있었던 것이다. 이러한 진리를 스스로 선택하는 자만이 진정한 하느님과의 관계성 속으로 들어갈 수 있다. 그리고 이러한 실존적인 도약을 통한 종교적인 실존을 가진 이는 불안과 의심, 사유의 고통스러움이라는 고뇌를 거치겠지만 그는 항상 사유하는 것의 저편으로 날아오르고, 이것이 곧 하느님을 그리워하는 것이고, 하느님을 발견하는 사랑인 것이다. 그리고 이러한 사실은 "하느님의 사랑은 우리의 사랑보다 위대하다는 것을 단적으로 표현(이것이냐2, 679)"하고 있는 것이다.

키르케고르는 이러한 하느님과의 관계성에 대한 염원을 단념하지 않는 한, 모든 것을 상실한다고 해도 기쁨을 느낄 것이라고 말하고 있다. 그리고 이러한 문제가 곧 '구원의 문제'요 '영혼의 비상飛翔'이라고 말하고 있다. 만일 우리가 이러한 영혼의 염원을 어중간하게 추구하지 않고, 스스로에게 질문하고 해답을 얻을 때까지 계속 질문하게 된다면, 그리하여 이러한 질문들이 자신의 내면에서 마음의 감동을 줄 때까지 계속 이어질 수 있다면 질문되고 있는 그것이 이미 자신에게 속하고 있다는 사실을 알게 될 것이다. 키르케고르는 바로 이러한 것이 '진정한 진리' 혹은 '건덕적인 지혜'를 의미하는 "교화하는 진리" 즉 우리의 내면을 변화시키고 영혼을 비상하게 하는 진리라고 맺고 있다. 우리는 여기서 키르케고르가 이후 저작들에서 여기서 내린 결론을 보다 심오하게 논하며 보다 엄밀하고 보다 풍요롭게 다루게 될 것이라는 사실을 분명히 예감할 수 있을 것이다.

후기

이 책은 키르케고르라는 잘 알려진 철학자의 가장 초기저작을 알기 쉽게 소개하는 책이다. 한 사람을 소개한다는 것은 그에 대해서 알고 있지 않으면 불가능한 일이다. 그의 작품을 소개한다는 것도 마찬가지다. 그것은 단순히 나의 사유를 저술하는 것과는 차원이 다른 것이고 그 작품에 대해서 '이해'하고 있지 않다면 불가능한 일이다. 어떤 책의 내용을 알기 쉽게 소개한다는 것은 3중의 노력이 필요하다. 첫째로 그 책이 말하고자 하는 내용을 왜곡 없이 충분히 숙지하고 있어야 한다는 것이고 둘째는 그 내용들을 통해서 내가 이해한 것, 즉 암시적이고 은유적이며, 다분히 불분명한 내용들에 함의된 심오한 의미들을 해석해 내고 이를 전달하는 전달자의 역할을 해야 한다는 것이다. 마지막으로 이러한 철학적인 내용들을 일반 독자들이 쉽게 접근할 수 있는 언어나 일화들을 고려하여야 한다는 글쓰기의 작업이 요청되는 것이다. 이 중에서도 내가 가장 염두에 둔 것은 단연 첫 번째의 노력이었다. '재미있는 거짓말보다는 차라리 따분한 진실이 더 낫다'는 평소의 나의 신념 때문이기도 하겠거니와, '나비효과'라는 말이 있듯이 작은 하나의 오류가 돌고 돌아서 엄청난 오해를 야기할 수도 있다고 생각하였기 때문이었다. 그리고 소개하고 있는 책이 키르케고르의 전체 사상의 얼개가 들어 있는 입문서와도 같은 것인 만큼 더욱 그러하였다. 그럼에도 글을 쓰는 사람들이란 항상 필요 이상을 말하고자 하고 자신이 생각한 것을 더 많이 전달하고자 하는 욕심을 가지기 마련이다. 이러한 욕심을 가급적 자제하고자 하였지만 그럼에도 내가 키르케고르라는 위대한 철학자의 저작을 효과적으로 잘 전달하고 있는 것인지 약간의 의구심이 남아 있는 것도 사실이다.

'당대의 시대 분위기에 일치하는 유일한 종교적인 자자'라는 하이데거의 평처럼 키르케고르만큼 종교를 종교로서 이해하고 '종교적 인간Homo Religiosus'에 대해 탁월한 이해를 가진 철학자는 없을 것이다. 물론 그가 말하고 있는 종교란 그리스도교를 의미하는 것이기에 그를 '그리스도교 철학자'라고 정당하게 부를 수 있을 것이다. 하지만 키르케고르가 종교를 말할 때 그는 결코 '도그마'나 '교의'의 의미로 말하는 것이 아니라, 인간성의 진리라는 지평에서 말하고 있다. 즉 인간이란 그의 깊은 속에 절대적인 것, 영원한 것 그리고 신성한 것과의 어떤 관계를 가지고 있는 존재, 아니면 최소한 이러한 가능성을 지니고 있는 존재라는 것이 키르케고르의 부정할 수 없는 인간에 대한 통찰이었다. 그는 이 진리를 말하기 위해서 실존주의자가 되고 때로는 해석학자가 되기도 하고 또 심리분석가가 되기도 하였다. 그리고 "옳지 않은 결혼(결탁)보다는 차라리 교수형이 낫다"는 그의 평소 신념처럼 그는 오직 진실 혹은 진리 편에만 서고자 세상에서 혼자 되기를 마다하지 않았고, 마지막 죽기까지 자신의 신념을 전달하고자 노력하였다. 대다수의 위대한 철학자들이 그러했겠지만 키르케고르는 '철학자란 모름지기 자신의 사상이나 신념을 위해 목숨을 걸 수 있어야 한다'고 생각하였고 스스로 이러한 삶을 실천한 사람이다. 그래서 사람들은 종종 키르케고르를 소크라테스에 비유하기도 한다. 『키르케고르 읽기』라는 책의 저술을 부탁받았을 때도 마찬가지였지만, 이번에도 한편으로는 '내가 이 글을 잘 쓸 수 있을까' 하는 약간의 의구심과 글을 쓰기 위해서

천 4백 페이지나 되는 그의 책을 다시 꼼꼼히 읽어 보아야 한다는 부담감을 느낀 것도 사실이지만, 그보다는 '키르케고르 같은 철학자의 생각에 보다 가까이 다가가고 느낄 수 있는 기회'라는 생각이 나의 마음을 설레게 했다. 저술을 마치며 다시 한 번 독자들에게 부탁하고자 하는 것은 이 책을 『이것이냐 저것이냐』를 대신할 수 있는 참고서처럼 대하지 말아 달라는 것이다. 이 책은 분명 독자들에게 독서하는 기쁨과 키르케고르의 저술에 대한 이해에 도움을 줄 것이지만, 그럼에도 이 책이 궁극적으로 목적하는 바는 이 책을 접하는 독자들로 하여금 키르케고르의 저작들과 직접 마주하고자 하는 욕망을 불러일으키고, 그의 사유에 보다 관심을 가지게 한다는 것에 있다. 이 책을 저술할 수 있도록 기회를 주신 '세창미디어'의 모든 분들께 깊이 감사드린다.

제주 아라동 연구실에서

이명곤

인용서적

키르케고르, 『공포의 전율』, 임춘갑 옮김, 도서출판 치우, 2011.

__________, 『관점』, 임춘갑 옮김, 도서출판 치우, 2011.

__________, 『들의 백합 공중의 새』, 표재명 역, 종로서적, 1980.

__________, 『이것이냐 저것이냐 1』, 임춘갑 옮김, 도서출판 치우, 2012.

__________, 『이것이냐 저것이냐 2』, 임춘갑 옮김, 다산글방, 2008.

Soren Aabye
KIERKEGAARD

[세창명저산책]

001 들뢰즈의 『니체와 철학』 읽기 · 박찬국
002 칸트의 『판단력비판』 읽기 · 김광명
003 칸트의 『순수이성비판』 읽기 · 서정욱
004 에리히 프롬의 『소유냐 존재냐』 읽기 · 박찬국
005 랑시에르의 『무지한 스승』 읽기 · 주형일
006 『한비자』 읽기 · 황준연
007 칼 바르트의 『교회 교의학』 읽기 · 최종호
008 『논어』 읽기 · 박삼수
009 이오네스코의 『대머리 여가수』 읽기 · 김찬자
010 『만엽집』 읽기 · 강용자
011 미셸 푸코의 『안전, 영토, 인구』 읽기 · 강미라
012 애덤 스미스의 『국부론』 읽기 · 이근식
013 하이데거의 『존재와 시간』 읽기 · 박찬국
014 정약용의 『목민심서』 읽기 · 김봉남
015 이율곡의 『격몽요결』 읽기 · 이동인
016 『맹자』 읽기 · 김세환
017 쇼펜하우어의 『의지와 표상으로서의 세계』 읽기 · 김 진
018 『묵자』 읽기 · 박문현
019 토마스 아퀴나스의 『신학대전』 읽기 · 양명수
020 하이데거의 『형이상학이란 무엇인가』 읽기 · 김종엽
021 원효의 『금강삼매경론』 읽기 · 박태원
022 칸트의 『도덕형이상학 정초』 읽기 · 박찬구
023 왕양명의 『전습록』 읽기 · 김세정
024 『금강경』·『반야심경』 읽기 · 최기표
025 아우구스티누스의 『고백록』 읽기 · 문시영
026 네그리·하트의 『제국』·『다중』·『공통체』 읽기 · 윤수종
027 루쉰의 『아큐정전』 읽기 · 고점복
028 칼 포퍼의 『열린사회와 그 적들』 읽기 · 이한구
029 헤르만 헤세의 『유리알 유희』 읽기 · 김선형
030 칼 융의 『심리학과 종교』 읽기 · 김성민
031 존 롤즈의 『정의론』 읽기 · 홍성우
032 아우구스티누스의 『삼위일체론』 읽기 · 문시영
033 『베다』 읽기 · 이정호
034 제임스 조이스의 『젊은 예술가의 초상』 읽기 · 박윤기
035 사르트르의 『구토』 읽기 · 장근상
036 자크 라캉의 『세미나』 읽기 · 강응섭
037 칼 야스퍼스의 『위대한 철학자들』 읽기 · 정영도
038 바움가르텐의 『미학』 읽기 · 박민수
039 마르쿠제의 『일차원적 인간』 읽기 · 임채광
040 메를로-퐁티의 『지각현상학』 읽기 · 류의근
041 루소의 『에밀』 읽기 · 이기범
042 하버마스의 『공론장의 구조변동』 읽기 · 하상복
043 미셸 푸코의 『지식의 고고학』 읽기 · 허 경
044 칼 야스퍼스의 『니체와 기독교』 읽기 · 정영도
045 니체의 『도덕의 계보』 읽기 · 강용수
046 사르트르의 『문학이란 무엇인가』 읽기 · 변광배
047 『대학』 읽기 · 정해왕
048 『중용』 읽기 · 정해왕
049 하이데거의 『"신은 죽었다"는 니체의 말』 읽기 · 박찬국
050 스피노자의 『신학정치론』 읽기 · 최형익
051 폴 리쾨르의 『해석의 갈등』 읽기 · 양명수
052 『삼국사기』 읽기 · 이강래
053 『주역』 읽기 · 임형석
054 키르케고르의 『이것이냐 저것이냐』 읽기 · 이명곤

· 세창명저산책은 계속 이어집니다.